つくられる偽りの記憶

あなたの思い出は本物か？

越智啓太

DOJIN文庫

はじめに

私たちは多くの思い出をもっています。子どもの頃の楽しかった思い出、淡い恋の思い出、一生懸命努力した思い出、思い出すだけで恥ずかしい思い出、悲しい思い出、懐かしい思い出など……。これらの思い出は私たちの人生とともにあり、ことあるごとに思い出され、私たちを励ましてくれたり、未来を方向づけたりしてくれます。また、ときには思い出に苦しめられ、悩みを深くすることもあるかもしれません。

多くの人は、そもそもこれらの思い出自体が「本物」なのだろうか、などとは考えないのがふつうです。鮮明に思い出され、心を揺さぶられることさえあるこのような思い出が「偽物」だなんて、到底考えられないというのが正直なところでしょう。

ところが、最近の認知心理学の研究は、私たちが思っているこのような「常識」が、もしかしたら間違っているのではないかということを明らかにしはじめています。私たちが思い出しているものは、現実の記憶ではなかったり、もっとも極端な場合には、実際には起こらなかった記憶もあるというのです。

本書ではこの問題についての最先端の研究や議論について、みなさんに紹介していきたいと思っています。

本書は六つの章から成り立っています。最初の章では、事件の目撃者の記憶が、じつは驚くほど脆弱《ぜいじゃく》なもので、外部からの情報によってゆがんでしまい、それによって冤罪《えんざい》がつくり出されてしまうこともあることを明らかにします。第2章では、実際には生じなかった出来事の記憶を、実験で容易につくり出すことができることを示します。また、このような記憶がどのようなメカニズムでつくり出されるのかも説明していきます。続く、第3章から第5章では、驚きの記憶体験——出生時の記憶や前世の記憶、エイリアンに誘拐された記憶など——について、それがどのようなものなのか、そしてこれらの記憶がどのようにつくり出されてしまうのかを明らかにしていきます。そして、最後の章では、私たちが過去の記憶を変形したり、存在しない記憶をつくり出したりすることが、じつは私たちの正常な心理的メカニズムである可能性について議論を進めていきます。

また本書では、六つのコラムをもうけて、私たちの記憶の謎について扱っている映画を、いくつか紹介しています。さまざまなSF映画やサスペンス映画では、私たちの記憶の謎が取り上げられており、その中には、心理学的に見ても非常に興味深い作品が少なくありません。私は、小学生の頃から映画とともに育ってきました。歴史小説で有名な小説家の童門冬二さんは、『人生で大切なことはすべて映画で学んだ』というエッセイを書かれていますが、私自身も専門分野である心理学も含めて、重要なもののほとんどは映画館で学んだといっても過言ではありません。とくに記憶研究については、まさに教材といってよいようなすばらしい作品が数多く存在しています。そこで、それらの映画のこともぜひ、みなさんに知っていただきたいと思ったのです。

　本書において、記憶に関する最新のエキサイティングな研究と議論を楽しんでいただければ幸いです。

つくられる偽りの記憶　目次

第4章　前世の記憶は本物か？　123

第1章

その目撃証言は本物か？

一　目撃証言が冤罪をつくり出す？

ウォルター・シュナイダー事件

ワシントンDCに住むフェイ・ツレッツァーさんは、その日、友だちとメキシコ料理を食べて帰宅し、いつもよりも早めにベッドに入りました。少し寒かったのですが、窓は少し開けて寝ました。次に彼女が目を覚ましたのは午前二時頃のことです。なにか部屋に人の気配を感じたのです。彼女が起き上がろうとしたその瞬間、部屋にいた若い黒人男性が彼女に襲いかかりました。男はかび臭く、アルコールの臭いもしました。彼女は抵抗しましたが、男の力は強く、抵抗し続けることは困難でした。犯人は二〇分近くにもわたって彼女をレイプし続けました。最後に彼女は心臓発作を起こした振りをして逃れようとしました。この手はうまくいき、慌てた犯人は窓から逃げていきました。月明かりに照らされて犯人の横顔が彼女の目に入りました。犯人はショートヘアで筋骨たくましい体をしていました。犯人が窓から出て行くと彼女はキッチンに行き、包丁を握りしめ、そして警察に電話をしました。警察官が駆けつけたとき、彼女は包丁をもったまま震えていました。

ウォルター・シュナイダーという男

　この事件の担当となったシフテック刑事は、まず付近の聞き込みをして何人かの容疑者をピックアップしていきました。彼は七人分の容疑者の写真を集め、それをもって、フェイを訪ねました。何人かの写真を彼女に見せましたが、彼女はどの写真にもぴんときませんでした。その三日後、フェイが自宅の窓からぼんやりと外を眺めていると、一人の黒人の男が水の入ったバケツとスポンジをもって、赤いフォルクスワーゲンを洗っている姿が目に入りました。その瞬間、フェイに衝撃が走りました。「あの男だ。私を襲ったのはあの男に間違いない！」と。フェイはすぐにシフテック刑事に連絡しました。「私を襲った犯人を見つけました。犯人は通りを渡った向かいに住んでいる男です」

　その犯人は、ウォルター・シュナイダーという二一歳の男でした。ウォルターはじつは容疑者リストに入っている男でした。事件の当日に、ビールを飲んで歩いているところが付近で目撃されていたからです。そしてじつは、シフテック刑事がフェイに見せた七人の写真のうち、一枚はウォルターのものだったのです。そのとき彼女は、ウォルターを犯人と指摘できませんでしたが、それは写真だったからかもしれません。今回、フェイは直接自分の目でウォルターを見て、ぴんときているのです。これは非常に確度の高い情報であるとシフテック刑事は思いました。念のため、彼はフェイに

「レイプは重大な事件なので、間違いは絶対に許されないんです。あの男で本当に間違いないんですね」と聞きました。フェイは「一〇〇%間違いありません」と自信をもって答えました。「給料をかけてもいいですね」というと彼女は「もちろんです」と答えました。

ウォルター・シュナイダーに対するDNA鑑定

七年後、ウォルターは州刑務所に服役していました。彼はこのレイプ事件について最後まで否認し続けましたが、陪審員たちはわずか二時間で評決を出し、彼は四五年の懲役刑に処せられたのでした（アメリカではレイプに対して日本よりはるかに厳しい判決が下されるのがふつうです）。性犯罪者矯正プログラムに参加すれば、もう少し早めに出所できる可能性はありました。しかし、そもそも犯行を否認している彼は、そんなプログラムに参加することはできないと考えていました。彼の家族は、あらゆる手段で彼の無実を証明しようとしましたが、結局のところ怪しい弁護士たちに高額の相談料をふんだくられただけで、もはや財産のほとんどを失っていました。自宅も二重に抵当に入っていました。

ところがこの頃、彼の無罪を証明できるかもしれない、ひとつの新しい技術が生み出されていたのです。それは「DNA鑑定」です。DNA鑑定は、現場に残された血液や精液などから個人を特定する技術で、近年、大きく進歩した技術です。そもそもは警察が真犯人を同定するために開発された技術でしたが、これは裏を返せば、ある者が真犯人でないことを証明するためにも使用できることを意味しています。

事件から七年後、ウォルターの家族に依頼されたDNA鑑定の専門家デビット・ビン博士はボストンの研究所で、検察局に保存されていたフェイの下着から採取した犯人の精液のDNAと、収監中のウォルターから採取したDNAが一致するかについての鑑定を行いました。その結果、このふたつのDNAはまったく一致しないことがわかったのです。検察局は念のため、バージニア州の科学捜査研究所とFBIにも鑑定を依頼しましたが、これらの機関による鑑定結果もビン博士のものと一致しました。ウォルターがこの事件の犯人ではあり得ないということがこの時点で確認されたのです。その後ウォルターは釈放されましたが、二〇代という人生の重要な時期を七年間も失ってしまうという結果になりました。

目撃証言はほんとうに正確なのか

なぜ、このような冤罪事件が発生してしまったのでしょうか。この事件でウォルターが犯人であるというもっとも重要な証拠になったのは、フェイの目撃証言でした。フェイは、「犯人はウォルターであることに一〇〇％間違いない」とまで言い切っています。このようなある意味強力な証言が陪審員を動かし、有罪の判決が出されたのは明らかです。

私たちの多くは目撃証言に大きな信頼を寄せており、また、レイプなどの性犯罪の被害者に対しては同情的です。レイプ被害者が「この男が犯人に間違いない」といっているのに、「それはほんとうなのだろうか？」などと疑うことは、そもそも困難なのです。

しかし実際には、フェイの目撃証言は誤っていたことになります。彼女が「一〇〇％」といっていた証言が誤りだったのです。では、なぜフェイは誤った証言をしてしまったのでしょうか。フェイに観察力がなかったとか、フェイの記憶力になにか問題があったというように、フェイのせいにしてしまうこともできるでしょう。実際このような誤りが生じたとき、個人のせいにして解決してしまうことは少なくありません。

しかしこの問題に関しては、どうやらそうともいえないのではないかということがわかってきました。それは、このような冤罪のケースが決してまれな出来事ではなく、じつは驚くほど多く起こっているからです。本章ではこの問題を見ていきますが、その前にまず、「イノセンスプロジェクト」について語らなければなりません。

イノセンスプロジェクトとは何か

イノセンスプロジェクトは、一九九二年にシェックとニーフェルドというふたりの法学者によって、イェシーバー大学のベンジャミン・カードーゾ法科大学院の活動として開始されたものです。さきほどもお話したとおり、この時代DNA鑑定が開発され、それが利用できるようになりました。一方で、アメリカの刑務所の中には自分は無罪であると主張している囚人が数多くいました。事件の証拠として犯人の血液や精液が保存されているケースでは、このDNA鑑定を使用して、彼らがほんとうに無罪であるのか、それともやはり真犯人であるのかを判断できる可能性があるはずです。そこで彼らはDNA鑑定を使用して、囚人たちが真犯人であるのかを調べはじめたのです。

このプロジェクトがはじまり、軌道に乗ってくるに従って、驚くべきことがわかってきました。収監されている囚人たちの中に、実際には無実である者が少なくなかったのです。このプロジェクトは、現在では多くの州、国に広がっていますが、その結果、二〇一一年までに二九二人が、実際には無実であったことが明らかになっています。なんとそのうちの一七人は死刑囚でした。

さて、このイノセンスプロジェクトで、無罪が明らかになったケースを分析し、彼らがなぜ誤った判決を受けたのかについて調査が行われました。その結果をまとめた

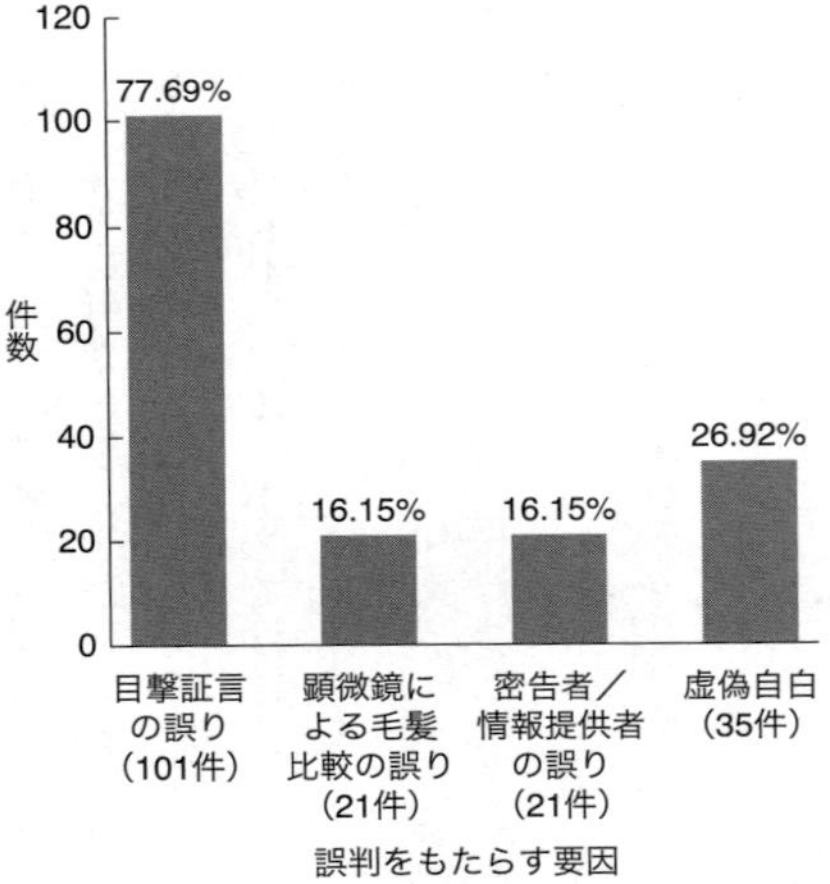

図 1 - 1　イノセンスプロジェクトにおける誤判の理由　冤罪が晴れた最初の 74 件の初期調査には、これら以外に次の 5 種類の原因が含まれていた。血液型鑑定の誤り（51%）、警察の不正（50%）、検察の不正（45%）、化学的鑑定の誤り（34%）、弁護士の怠慢・技術不足（32%）。

のが、図1 - 1です。じつはもっとも多い原因は、「誤った目撃証言」だったのです。まさにウォルターのケースもそれに該当します。

つまり、フェイの個人的な誤りが問題だったのでなく、私たちが信頼を置いている目撃者の証言というもの自体が、じつはそれほど信頼できるものではない、ということが明らかになってきたのです。

二　あとから入ってきた情報が記憶を書き換えていく

認知心理学者エリザベス・ロフタスの登場

目撃者の証言がじつはそれほど信用できるものではなく、また場合によっては冤罪という重要な誤りを生じさせる可能性があるということに気づいていた者は、いままでいなかったわけではありません。裁判官や弁護士などの司法実務家や警察官、そして心理学者の中にも、目撃証言を過度に重視することについて警告していた人は昔からいました。

たとえば、心理学者のシュテルンは、一九〇四年に自分の学生に対して簡単な出来事を目撃させ、その出来事についてあとで報告させたところ、非常に多くの誤りが生じるということをデモンストレーション実験し、これを専門誌で報告しています。

しかし、この問題が本格的に研究されだしたのは、一九七〇年代に入って、ワシントン大学のエリザベス・ロフタスが研究をはじめてからのことでした。

ロフタスが興味をもっていたのは人間の記憶のしくみです。私たちは記憶を、「ものを見たり聞いたりしたとき、その体験を脳の中の貯蔵庫のような入れ物に入れ、必要になったときに、そこから取り出してくる」ものとして考えてきました。これを

「貯蔵庫モデル」といいます。貯蔵庫モデルでは、一度貯蔵されたものは時間がたつことによって忘却されてしまうことはありますが、もし、運よく忘却されなければ、貯蔵庫から取り出してそのまま再生することができます。記憶が貯蔵庫に入っているときは、記憶はいわば眠った状態であり、それが取り出されるのをじっと待っているという、静的な考え方が、貯蔵庫モデルだといえるでしょう。

事後情報効果の発見

ロフタスは、人間の記憶システムは、このモデルが想定しているほど静的なものではなく、貯蔵されている間であっても、変形を受けてしまう可能性があるのではないかと考えました。彼女はこの現象を次のような実験によって確認しました。

まず、実験参加者に、何枚かのスライドを見せます。このスライドでは、一台の車が郊外を走っているところが映っていますが、この車は目的地に着く前に事故を起こしてしまいます。実験参加者にはこの事故の目撃者になってもらうわけです。実験参加者にはこの事故スライドを見終わったあとで、目撃者としてさまざまな質問に答えてもらいます。

ところで、呈示されるスライドには、この車が事故を起こす直前に『一時停止』の道路標識があるT字路のところで停止している場面が描かれたものがありました。目撃者としていろいろな質問に答えてもらう段階で、半数の実験参加者には、このスライドについて、「車が『徐行』の道路標識で止まっていたときにその車の前を別の車が横切りましたか」という質問がなされました。じつは、この質問自体にひとつの誤りが含まれています。車は『一時停止』の標識の前で停止していたのであって、『徐行』標識の前ではないのです。

このような質問をしたさらにしばらくあとに、実験参加者に二枚の写真が呈示されます。一枚は、車が『一時停止』標識でストップしているもので、もう一枚は車が『徐行』標識で、ストップしているものです。そして、実験参加者には最初に見たスライドはこのどちらだったのかが質問されました。「車が『徐行』の道路標識で止まっていたとき〜」という質問（事後質問）を受けていなかった実験参加者にとって、この質問は容易で七五％の参加者が正答の『一時停止』のスライドを選びました。これに対して、『徐行』についての質問を行った実験参加者では正答率が四一％に落ちてしまいました（図1-2）。

つまり、この条件では、目撃のあとから入ってきた『徐行』情報によって、記憶の一部（『一時停止』）が書き換えられてしまったわけです。この現象を「事後情報効果」といいます。事後情報効果は、一度記憶貯蔵庫の中に入ったものは、取り出されるまでそのまま静的に保存されているという、記憶の「貯蔵庫モデル」が正しくないとい

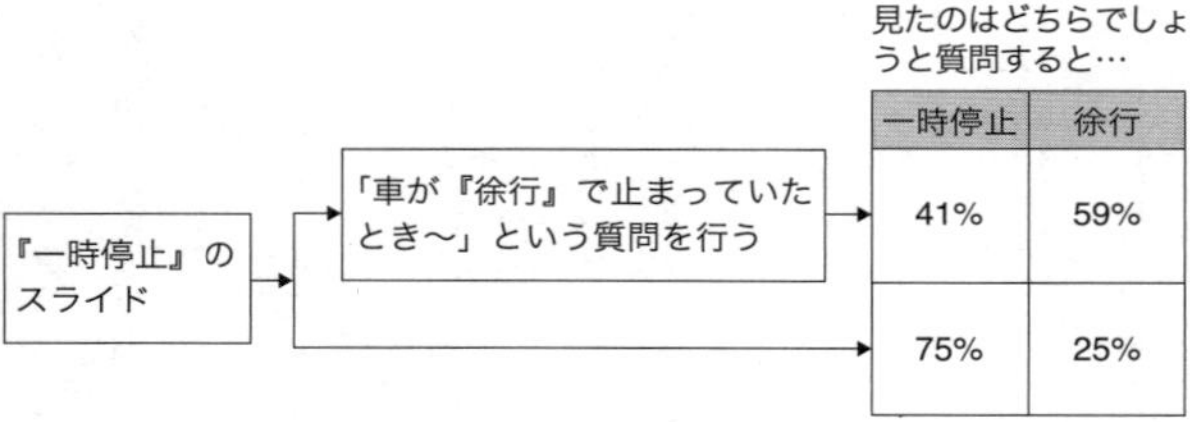

図1-2　事後情報効果の実験の模式図　あとから入ってきた情報によってもとの記憶が変容してしまう。Loftus, Miller & Burns, 1978 を参考に作成。

うことを意味しています。

意識しないまま記憶が書き換えられていく

　ただしもちろん、事後情報が入ってきたときに、すでに記憶されている情報とあまりにも大きく異なっていると、その食い違いに私たちが気づくことがあります。たとえば、さきほどの実験では『一時停止』が『徐行』に変わっていた程度の、ある意味「微妙な」違いであるためにこのようなことが起こったわけですが、「車がT字路で木にぶつかって止まったとき」などのあまりにも事実と異なる質問がなされた場合には、もちろんその質問をされた瞬間に「木になんかぶつかってないよ」と気づきます。このような場合にはもちろん事後情報効果は起こりません（これを「差異検出原理」といいます）。

　ただし、この現象の興味深いところは、このように事後情報の入力の瞬間に気づかなければ、かなりいろいろな情報がもとの記憶を変容させてしまう可能性をもっていること、そして、私たちが意識的に気づかないままこのような現象が生じてしまうことなのです。

事後情報効果のメカニズム

では、このときどのようなことが起きているのでしょうか。ふたつの可能性が考えられています。ひとつは、次のような可能性です。まず私たちは、事後情報が入力されてくると、もとにあった記憶の該当する部分が、事後に入力された情報によって「上書き」されてしまうという可能性です。その場合、私たちの記憶は書き換えられてしまうことになります。これを「上書き仮説」といいます。もうひとつの可能性は、事後情報が入力されてくると私たちの記憶の中に、もとにあった記憶と事後に入力された記憶の両方が存在することになってしまうというものです。この場合、私たちはどちらが本当の記憶なのかがわからなくなってしまいます。そのため、これらの記憶が混同されてしまうというのです。ただし、通常はあとから入ってきた記憶のほうが新鮮で明確なため、こちらが正しい記憶だと思いやすくなってしまいます。もとの記憶と事後情報は両方、記憶されていることから、これを「共存仮説」といいます。

実際には、「上書き仮説」的な状況と「共存仮説」的な状況は、ともに生じる場合があることがわかっています。ただ、かなり多くの状況で記憶が「上書き」されてしまうということもわかっています。事後情報によって、もとの記憶がいったん「上書き」されるとすると、もとの記憶は永遠に回復できないことになってしまうのです。

どこで見た顔かわからなくなる?

共存仮説は、いろいろな情報源から入ってきた情報が記憶の中で共存して区別がつかなくなるという現象ですが、この現象はじつはいろいろな状況で生じることがわかっています。そのひとつが、「無意識的転移」(もっと一般的には「ソースモニタリングエラー」)といわれている現象です。これは目撃者が事件時に見た顔と、別の機会に見た別の人の顔が記憶の中に共存してしまい、その出所を混同してしまうという現象です。つまり、別の場所で見た人物を事件現場で見たと思ってしまうわけです。

ロフタスはこの問題を扱ったはじめての論文で、次のようなケースを報告しています。

ある鉄道の切符売り場に銃をもった男が現れて現金を奪った事件で、被害者は容疑者の写真リストの中からある水兵の写真を選び出しました。しかし、実際にはその男にはアリバイがあり、犯人ではありませんでした。この水兵はこの駅の近くの基地に勤めていて、この強盗事件以前にこの駅員から三回切符を購入したことがありました。おそらく、駅員はその見覚えのある水兵の顔を「事件のときに見た」と誤ってしまったのです。

じつは顔の記憶については、このような現象が生じやすいことがわかっています。顔の記憶は人間の記憶の中では非常に強力な記憶のひとつで、比較的記憶の中に残りやすいのです。一方で、その顔をどこで見たのかという記憶（これを「情報源記憶」、「ソースメモリー」といいます）は、それに比べると忘れやすい記憶なのです。また、顔自体の記憶は、無意識的に素早く自動的に働くプロセスなのに対して、その顔をどこで見たのかを思い出すのは、時間がかかったり、意識的に「考えないと」思い出せないことがあることがわかっています。顔自体は覚えているのですが、その顔をどこで見たのかを思い出すことができないとか、見たことがある顔を実際に見た場所でなく、別の場所で見たと思ってしまった体験は、みなさんにもあるのではないでしょうか。

ウォルター・シュナイダーの捜査でなにが起こったのか？

さて、ウォルター・シュナイダー事件では、いったいどのようなことが起きたのでしょうか。次のようなことが考えられます。まず、シフテック刑事が付近の容疑者を捜し出し、被害者のフェイに写真のリストを見せました。このとき、ウォルターの写真が中に入っていましたが、フェイはそれには気づきませんでした。ただしこのとき、ウォルターの顔は、フェイの記憶の中にインプットされました。この時点でフェイの記憶の中には、おぼろげな実際の犯人の顔の記憶と、ウォルターの顔が共存した状態になったと考えられます。

その後、フェイはふと窓の外を見たときにウォルターを見かけました。このときフェイは既視感、つまり「この顔どこかで見たことがある！」と感じました。確かにフェイはウォルターの顔を見たことがあったのですが、それは事件現場で見たのではなく、シフテック刑事がフェイに見せた何枚かの写真の一枚として見ていたのです。ところがフェイにとっては、頭の中をよぎるのは、いつもあのレイプの記憶ですので、「どこかで見覚えのある人で黒人」といえば、レイプ犯人しか考えられませんでした。ここで、ソースモニタリングエラーが生じてしまい、彼女はウォルターをレイプ現場で見たのだと思ってしまったのです。

自分の中で繰り返し考えることによって誤った記憶が定着する

また彼女は、ほんとうにその男性がレイプ犯人であるかどうか、頭の中で確かめることにした可能性があります。これは、自分の体験したレイプの記憶の中で犯人の顔の部分にウォルターの顔を当てはめてみる形で行われます。このようなイメージ化がしっくりするものであれば、犯人がウォルターである可能性は上がることになります。

この試みはおそらく、はじめはあまりうまくいかなかったかもしれません。しかしこのようなイメージ化は、単に何回も繰り返しているうちに、次第にしっくりくるようになってきます。実際のレイプの体験は一度きりですが、イメージ化は頭の中で何度も何度も繰り返されますので、次第にイメージが明確になり、レイプ体験のもとの記憶はこのイメージによって上書きされ消去されてしまい、イメージ化された記憶だけが頭の中に残っていったのです。

イメージ能力が高いとソースモニタリング能力が低下する

これは、頭の中で事件のことをイメージ化することによって、記憶が置き換わってしまうという現象でしたが、もしそうだとすると、頭の中で出来事をイメージ化する能力が優れている人はそれだけ、記憶が変容しやすいということを意味しています。本当にこのようなことがありうるのでしょうか。これを検討したものとして、ドブソンらの研究があります。

ドブソンらはまず、実験参加者に「ＶＶＩＱ」と呼ばれる自己評定式の検査を実施しました。これは、視覚心像鮮明性質問紙と呼ばれているもので、個人がさまざまなものをどのくらい頭の中でイメージとして鮮明に思い浮かべることができるかの差を測定するものです。ＶＶＩＱの例を表1‐1に挙げてみます。

表1－1　VVIQ（視覚心像鮮明性質問紙）の例

いまここにはいない、あなたがよく会っている親類とか友人とかのことを考えてください。そして、あなたの心の眼に浮かぶ、その人のイメージを注意して見てください。さて、思い浮かんだイメージはどの程度鮮明でしょうか。次のそれぞれの項目についてそのイメージの鮮やかさ、明瞭さを、判断の基準に従って分類し、記入欄に書いてください。

イ）顔や頭、肩、身体の正確な輪郭は
ロ）いかにもその人らしい、頭の姿勢とか体つきなどは
ハ）歩くときの正確な歩きぶりと歩幅などは
ニ）その人がよく着ている衣服の色は

◆評定尺度
「完全にハッキリとしていて、実物を見ているようである」（段階5）
「かなりハッキリしているが、実物を見ているほどではない」（段階4）
「ハッキリした程度は中くらいである」（段階3）
「ボンヤリしていて、微かである」（段階2）
「まったくイメージが浮かばないで、ただいわれたことについて自分が考えているということが、わかっているだけである」（段階1）

※このような質問を、ほかに日の出、よく行く店、木や山や湖のある田舎についても行う。

このテストを行った一週間後に、実験参加者にもう一度実験室にきてもらい、彼らにガソリンスタンドを二人の武装強盗が襲撃し、店員を撃つという犯罪を描いた約四分半のビデオ映像を見せます。その後、彼らには、この事件について記載された文章を読ませます。この文章の中には、ビデオ映像には出てこなかった事柄も含まれていました。その後、さらに二〇分間別の課題

をやらせたあとで、テストが行われました。このテストでは三二個の文章が順番に呈示されました。この文章の中には、ビデオ映像だけに出てきた事柄についての文章、あとで呈示された文章だけに出てきた事柄についての文章、両方に出てきた事柄についての文章、どちらにも出てこなかった事柄についての文章が八つずつ含まれています。実験参加者は、まずそれらの文章が、「ビデオ映像の中に出てきたものか」、それとも「文章の中に出てきたものか」、「両方に出てきたものか」を判断する課題を行いました。このような課題を「ソースモニタリング課題」といいます。情報の出所を正しく弁別できるかを調べる課題です。

実験結果を図1－3に示します。VVIQで測定されたイメージ能力が高い人のほうが、成績が悪くなっていることがわかります。とくにこの傾向は文章で顕著です。つまり、イメージ能力が高い人は文章で呈示されたものをイメージ化してしまい、

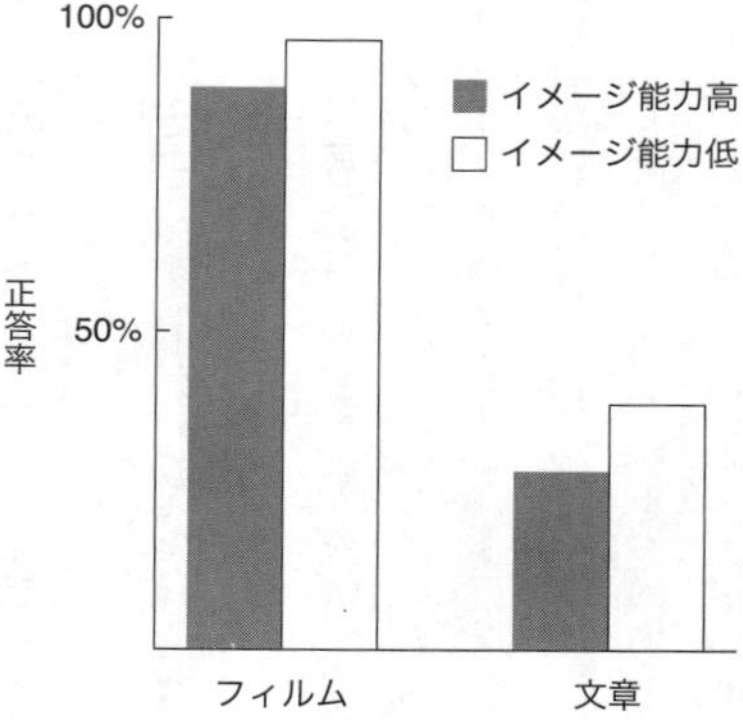

図1-3　イメージ能力とソースモニタリング能力　フィルムで呈示されたものを正しくフィルムと同定したものと、文章で呈示されたものを正しく文章と同定したものの割合。イメージ能力高群のほうが成績が悪い。Dobson & Markham, 1993を参考に作成。

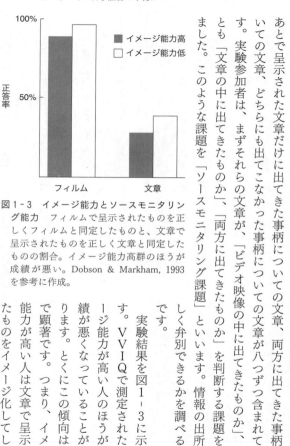

それがフィルムで見た記憶だと考えてしまいやすいわけです。

三　質問するだけで記憶が書き換わっていく

ここまで、事件のあとに与えられた情報によって記憶が変容してしまい、誤った目撃証言がつくられるというお話をしてきました。では実際、どのような情報が事後情報になるのでしょうか。

質問に含まれている言葉が記憶を変容させる

たとえば、目撃者が事件のあとにテレビの報道を見たり、新聞の報道に接すると、その内容の方向に自分の記憶がゆがむことがあります。また、別の目撃者の証言を耳にするだけで、自分の記憶がその方向に変容してしまうことも知られています。しかし、実際の事件において目撃者の記憶にもっとも大きな影響を与えるものは、じつは情報を聞き取る人、つまり捜査官の側が無意識に与える情報なのです。情報を聞き取るコミュニケーションの過程で、聞き取る側の聞き方によって、私たちの記憶が知らず知らずのうちに書き換えられていってしまうということが生じるのです。

質問の仕方が記憶の内容を左右する

たとえば、ロフタスは次のような実験を行っています。

まず、目撃者役の実験参加者には、車が事故を起こす動画を見せます。その後、この事故について、目撃者からいろいろな情報を聞き取っていくわけですが、その中にその車のスピードを尋ねる質問があります。「その車がぶつかったときにどのくらいのスピードが出ていましたか？」という質問です。ただ、彼女はそのときの質問をいくつかのバリエーションで聞いてみることにしました。具体的には、「ぶつかった」の部分をニュアンスの異なったさまざまな単語に変えて聞いてみたのです。

興味深いことに、ここで使用される単語によって、実験参加者の回答は大きく変わってくることがわかったのです。たとえば、「その車が接触した（contacted）とき」と質問した場合には、実験参加者は自動車のスピードを時速三一・八マイル（時速五一・二キロメートル）と推定しましたが、「その車が激突した（smashed）とき」と質問すると、推定された速度は、時速四〇・三マイル（時速六五・六キロメートル）になっていました（表1－2）。彼らが実際に見たのは同じ映像ですから、質問の仕方がその記憶の内容に影響してしまったのだということがわかります。

ただこれに関しては、次のように考えることもできるかもしれません。実際には記憶自体は変化していないのに「答え」だけを少し変えたということです。もし、「接触

表1-2　車のスピードを聞くときに使用した言葉と推定されたスピードの関連

言葉	スピード（マイル／時）
激突した（smashed）	40.3
衝突した（collided）	39.3
ドスンとやった（bumped）	38.1
ぶつかった（hit）	34.0
接触した（contacted）	31.8

した」といわれれば、質問者は車はたいしたスピードでぶつかったとは思っていないことを意味しています。一方で「激突した」などと質問した場合には、質問者は車はすごいスピードでぶつかったと思っていることを意味しています。一般に私たちは、人と会話するときに協調的に話を進めていくことが多いでしょう。相手が「接触」といっているのに、ものすごいスピードでぶつかったと答えると、会話が対立的になってしまう可能性があるかもしれません。そこで、実際の記憶はともかくとして、少し質問者に妥協して答えているという可能性です。確かにこのようなこともあると思われます。しかしこのような場合でも、もとの記憶が影響を受けてしまうのです。

ロフタスは、この現象を示すために次のような実験を行いました。この実験で使われた動画では、じつは車が激突したとき、そのフロントガラスは割れていませんでした。ところが、スピードについて推定させたあとで、「車のフロントガラスは割れていましたか」と聞くと、「ぶつかった（hit）とき」と聞いた群の実験参加者は八六％が「割れていなかった」と正しく答えたのに対し（車のスピードについて質問しなかった群では、八八％）、「激突（smashed）」で質問した群の実験参加者は、「割れていなかった」と答えた人は、六八％に大きく減り、三二％が実際には割れていなかったフロントガラスを「割れた」と答えてしまったのです。

質問するだけで記憶が変わる！

ロフタスのこの実験の興味深いところは、あとからなされた質問の中のほんのちょっとした単語によって記憶が変化し、その変化に私たちが気づかないということです。

その後ロフタスは、さらに興味深い現象を明らかにしました。それは、単に質問をするだけで、その人の記憶にもともと存在しなかったものを埋め込むことができるという現象です。

ロフタスは一五〇人の実験参加者に、やはり交通事故を描いた三分間の動画を見せました。その後、実験参加者である「目撃者」に一連の質問を行っていきます。この中には、「このフィルムの中にはスクールバスが出てきましたか」とか「このフィルムの最初のところでトラックが出てきましたか」などの質問が含まれていました。じつはこのフィルムの中にはスクールバスもトラックも出てきません。そのため、多くの参加者はこれらの質問に「いいえ」などと答えます。ところで、この試行が終わってしばらくしてから、実験参加者にはもう一度、一連の質問が行われました。すると

表1-3　単に質問をするだけで、情報が記憶に埋め込まれる。質問をした1週間後にフィルムに出てこなかったものを「見た」とした実験参加者の数

質問	統制群	実験群
スクールバスを見ましたか	6	12
トラックを見ましたか	0	8
田舎道のところにセンターラインはありましたか	8	14
ベビーカーを押した女性を見ましたか	26	36
小屋を見ましたか	2	8

Loftus, 1975 を参考に作成。

興味深い現象が現れました。「スクールバス」や「トラック」を見たという参加者が増加したのです。ちなみに、事前に一度このような質問を受けていない実験参加者（統制群）と一度質問を受けた参加者（実験群）が、これらの質問に対して「見た」と答えた割合について、表1-3に示してみました。かなり多くの参加者が、一度質問を聞いただけで、実際には見なかったものを「見た」といいはじめることがわかります。

これは質問者が「スクールバス」といったり、「トラック」という質問をすることによって、目撃者は頭の中でスクールバスやトラックのイメージを思い浮かべることに原因があると思われます。目撃者はこのようなイメージを思い浮かべ、もともとの動画の記憶の中にこれらのイメージがないかを確認します。最初はそれが見当たらないために「そんなものは出てこなかった」というかもしれません。しかし、いったん頭の中にそれらのイメージを思い浮かべてしまうと、もと

のフィルムの記憶とスクールバスのイメージが「共存」してしまうことになります。これらの間で空想と現実の記憶のソースモニタリングエラー（これを「リアリティモニタリングエラー」といいます）が発生してしまうと、実際には存在しなかったスクールバスが、事故の記憶の中に混入してしまうことになるのです。

聞き取りによる無意識な誘導で記憶がつくられていく

情報を聞き取る側のささいな聞き方の違いが、記憶に影響を与えるということは、情報を聞き取る側の先入観や思い込みが、目撃者側の記憶に反映してしまうということを意味します。これが積み重なっていくと、最終的には大きく証言を変えてしまう可能性があるといってよいかもしれません。

たとえば、事件の捜査官が犯人を「めがねをかけた三〇代の男」だと思っていたとしましょう（そのような人物が容疑者として浮かんでいる場合などです）。この場合、捜査官は目撃者の取調に際して、「犯人はめがねをかけていましたか」と聞く可能性があります（容疑者がめがねをかけていなかった場合には、そもそもこのような質問自体なされる可能性がないことにも留意してください）。さきほどの実験で見られたように、この質問をするだけで目撃者が見た記憶の中の犯人にめがねが導入されてしまう危険性があります。また、「犯人は何歳くらいでしたか？」という質問をすればまだ大丈夫なのですが、もし「犯人は三〇代くらいでしたか？」などと聞いてしまえば、やはり同様に犯人が三〇代に近くなってしまう可能性があります。捜査官は、客観的に目撃者から情報を引き出そうとしているだけなのに、実際には誘導してしまっていることになるのです。

このような捜査官のちょっとした発言は、私たちの記憶をじわじわと浸食していきます。たとえばロフタスは、取調のときに、ある言葉に「a」という不定冠詞をつけて聞いた場合に比べて、「the」という定冠詞をつけて聞いた場合に、その言葉が記憶に影響を与えてしまうということを示しています。彼女は実験参加者に、男性がスーパーマーケットの駐車場で車をバックさせたところ、食料品の入った大きな買い物袋をもった女性に接触してしまうという交通事故を描いた動画を見せたあとで、「あなたはいまの動画の中で、割れたヘッドライトを見ましたか」といった質問を行いました。その結果、実際には存在しなかった対象物について、「a」を使用して質問した場合には、六％の人しか誤って「見た」といわなかったのに対して、「the」を使用した場合は二〇％もの人が誤って「見た」といったという現象を報告しています（表1－4）。

中学一年生のときに英語の授業で習ったように、定冠詞をつけるということはそのものの存在がすでに前提とされているということを意味しています。そのために、これが記憶により取り込まれやすくなってしまうわけです。

表1-4　交通事故のフィルムを見たあとで登場しなかった物を見たか聞いた場合の回答。the を使って表現されたもののほうがなかったものをあったといいやすい

	［the］を使って質問	［a］を使って質問
見たと答えた人	20%	6%
見なかったと答えた人	69%	56%
わからないと答えた人	11%	38%

Loftus & Zanni, 1975 を参考に作成。

このようなやりとりを何回か繰り返すことによって、捜査官の思い込みが、目撃者に無意識的に伝わって、記憶がゆがんでいってしまう可能性があるのです。

自分自身のちょっとした発言によって記憶の変容が加速する

このような記憶の変容は、捜査官の側だけの影響でつくられるわけではありません。聞き取りというプロセスの中でさまざまな形をとって現れます。

たとえば、次のようなケースを考えてみましょう。あなたは犯人を目撃しましたが、一瞬のことだったので、あまり犯人のことは記憶していなかったとします。しかし、あなたはできる限り警察に協力して、犯人検挙に役立ちたいと思っています。そのようなあなたに対して捜査官が、「犯人はTシャツを着ていましたか」と尋ねたとしましょう。「うーん、わかりません」とあなたは答えたとします。捜査官はちょっとがっかりしたように「Tシャツ着ていませんでしたか」ともう一度聞いたとします。あなたは、あま

りよく思い出せないのですが、そういわれると、Tシャツを着ていたような気もします（ここではイメージ化が生じています）。また、捜査官がこの場所でこのようにいっているということは、捜査官はほかの情報から、犯人はTシャツを着ているという情報を得ているのかもしれません。あなたはできるだけ捜査官に協力したいのと、がっかりさせたくない思いから、「着ていたような気もします」などと、少し発言を変えたとしましょう。すると捜査官は「そうですか、着ていたような気もするんですね」といって、ちょっとうれしそうな顔を見せたとします。このようなやりとりは比較的よくあることなのですが、じつは危険なやりとりなのです。あなたは捜査官との会話の中で「犯人はTシャツを着ていたような気がする」といってしまいました。このように一度口に出して何かいってしまうと、次からその発言と矛盾したことをいいにくくなってしまいます。

仮に後日、「いや着ていなかったかもしれない」などといい出すと、「なぜ、あのときはあのようにいったのか」というように責められる可能性もあるからです。あなたはそのため、「犯人はTシャツを着ていたんだ」と、おそらく自分自身を納得させるようにするでしょう。たとえば、頭の中でTシャツを着ている犯人の姿を想像するなどの方法で。すると何回かイメージを思い浮かべているうちに、Tシャツ以外の服を着ている犯人のイメージは薄れ、Tシャツを着ている犯人が記憶の中で明確になっていってしまいます。会話の流れの中で、なんとなくいってしまったひと言が、結局は自分の記憶の変容を加速してしまうことになるのです。

権威効果によって、記憶が変容する

目撃者や被害者が子どもの場合には、これに「権威効果」といわれている現象が付け加わります。これは警察官や教師、医師、年上の人などの権威をもった人の質問や発言が、記憶を変容させるうえで大きな影響力をもつという現象です。

いま、小学校低学年の子どもがある犯罪を目撃したとしましょう。ただやはり、一瞬のことだったので犯人はよく見えなかったし、あまり記憶にも残りませんでした。このような目撃者に警察官が聞き取りをするわけなのですが、これは子どもにとっては慣れない、不安な場面です。しかも警察官は、権威をもっている人です。変なことをいってしまえば自分が怒られてしまうかもしれません。このような状況では、子どもたちは、自分の記憶をそのまま警察官に報告するというよりもむしろ、警察官に怒られないように、あるいは警察官の期待に応えるように行動する可能性があります。そもそも通常、大人が子どもに質問する状況のほとんどは、大人側はすでに知っているような問題について子どもに尋ねる形式のものなのです。たとえば「日本の首都はどこですか？」という質問は、大人が子どもから情報を得ようとしているわけではな

く、子どもに知識があるかどうかを大人が確かめている質問です。そして、このような質問に対して、子どもにはなんとしても正解を答えなければならないという精神的なプレッシャーがかかります。「わからない」といったり、間違った答えをしてしまえば、普段であれば、むしろ怒られてしまうのがふつうだからです。そのため、このような状況下では子どもは、相手の行動や言動を観察して、できるだけその期待に応えるような返答をしようとします。たとえば、「犯人は三〇歳くらいだった？」と聞かれて、「もっと年取っていた」と答えて警察官が残念そうな顔をしたら、子どもは自分の回答が相手を満足させなかったのだと考えて、次からは答えを変えてくる可能性があります。次のようなやりとりを見てみましょう。

警察官：お父さんは、君の頭をたたいたのかな？
子ども：ううん。
警察官：お父さんに、頭をたたかれたの？
子ども：(この質問はさっき否定した質問なのに、おまわりさんはもう一度聞いているぞ。ということは、最初の答えが間違っていたのかな。たたかれたっていえばいいのかな) うん……。
警察官：頭たたかれたんだ、痛かったね。

子ども：うん、痛かった。

このような誘導尋問的なやりとりが生じる可能性があるのです。そして、子どもは次からは、父親から頭をたたかれたと自分から発言するようになり、さらにいくつか質問を受けているうちに、誘導されてしてしまった自分の回答と、実際の記憶のソースモニタリングができなくなってきます。そして気がつくと、もとの記憶が誘導された答えに沿った方向に置き換わってしまうのです。

自信があるからといって正しい記憶とは限らない

ウォルター・シュナイダー事件においては、もうひとつ興味深い現象が見られました。それは、目撃者のフェイにシフテック刑事が、「レイプは重大な事件なので、間違いは絶対に許されないんです。あの男で本当に間違いないんですね」と聞いたとき、フェイは「一〇〇％間違いありません」と自信をもって答えた点です。なぜ、実際には誤った目撃証言に対して、フェイは「一〇〇％」などという過大な自信を感じたのでしょうか。

目撃証言の研究において、目撃者の「自信度」――これは心理学の世界では「確信度」といわれることが多いです――と正確性には、相関があまりないということが明らかになっています。つまり、目撃者が「自信がある」といっても、それが記憶の正しさを必ずしも保証するわけではないということです。これを「確信度—正確性無相関現象」といいます。

ではなぜ、確信度と正確性の間には関係がない場合があるのでしょう。じつは私たちは、自分の記憶が正しいものなのか、それとも間違ったものなのかを直接推定することはなかなか困難なのです。そこで私たちは多くの場合、その記憶がどの程度鮮明であるかとか迫真的かという情報によって、その記憶の確かさを判断することになります。もちろん、記憶が鮮明であれば、その記憶は高い確信度で判断されることになります。しかし問題なのは、フェイの例で見られたように、頭の中で、ウォルターがレイプを行っているというイメージを反復して思い浮かべてしまった場合です。このような場合には、記憶の正しさの根拠になる記憶が、それが実際の記憶でないにもかかわらず、鮮明度を増してしまっています。このような場合、誤っている記憶でも、高い確信度、そして場合によってはフェイがしたような「一〇〇％間違いない」といった証言になってしまうことがあるのです。

◆この章のまとめ

・目撃者の証言は必ずしも正確ではない。

・事件後に入ってきた情報によって目撃者の記憶は容易に変容してしまう。
・事件以外のときに見た顔を、事件のときに見たと思ってしまうソースモニタリングエラーも生じる場合がある。
・頭の中で自分で想像することによって、もとの記憶が変容してしまうことがある。
・目撃者から話を聞く側のちょっとした先入観が目撃者に伝わり、それによって記憶が変容されてしまうことがある。
・目撃した事柄の記憶についての自信（確信度）は正確性を保証しない。

コラム1　ジェイソン・ボーンはなぜ戦闘スキルを忘れていないのか

『暗殺者（*The Bourne Identity*）』は、ロバート・ラドラムによるスパイ・サスペンス小説ですが、むしろ、マット・デイモン主演の一連の映画作品のほうが有名でしょう。この映画では、記憶喪失が重要な役割を果たしています。主人公のジェイソン・ボーンはある日、海を漂流しているところを漁船に助けられます。幸いにも一命はとりとめますが、彼は自分が記憶の一切を失っていることに気がつきます。自分がいったい何者なのかわからない状態です。彼は自分が何者かを探ろうとしますが、その過程で、特殊な能力があることに気がつきます。寝場所がなく、公園のベンチで寝ていたときに警察官から尋問を受け、捕まりそうになりますが、彼は一瞬で二人の警察官をノックアウトしてしまいます。あまりに自動的な行動で自分ではほとんど意識しなかったのですが、気づくと目の前に二人の警察官が気絶しており、自分の手には警察官から奪った拳銃がありました。また、英語はもちろん、フランス語もドイツ語も自由自在にしゃべることができます。さらには、レストランに入ったときには、駐車場に止まっていた六台の車のナンバーを記憶している自分に気づきます。これも無意識的に行われていて、彼はなぜ自分にそんなことができるのかわかりません。

ボーンは、自分が何者かわからないほど記憶が失われてしまっているのに、戦闘スキルや外国語能力、そして車のナンバーを暗記するなどの認知的技能が失われていないのはなぜなのでしょうか。

『ロング・キス・グッドナイト』は、アクション映画の名手レニー・ハーリンが監督し、ジーナ・デイヴィスとサミュエル・L・ジャクソンが主演したスパイ・アクション映画ですが、やはり同様なシーンが現れます。主人公の主婦サマンサは、五年前に頭に怪我をして海岸で発見されましたが、それ以前の記憶を一切失っていました。彼女はその後、現在の夫と結婚して幸せな家庭を築いていましたが、記憶は現在でも戻っていませんでした。ある日、彼女は料理をつくっているときに自分が包丁の扱いが非常にうまいということに気づきます。ニンジンなどの野菜をものすごいスピードで千切りにできるだけでなく、包丁を投げてトマトに命中させることまでできるのです。彼女は、自分は記憶を失う前はきっとシェフだったのではないかと考えます。しかしその後、殺し屋に襲われたときに刃物を使って敵を撃退したこと、分解されたライフルをあっという間に組み立てることができることなどに気がつき、自分がスパイや殺し屋だったのではないかと考えるようになります。彼女もなぜ、過去の記憶を「一切」失っているのに、ナイフの扱いや戦闘能力、そしてライフルを組み立てるなどのスキルは失われていないのでしょうか。

これらは映画の中の設定ですが、実際の記憶喪失においてもこのようなことが生じることがわかっています。つまり、「一切の」事柄を忘れてしまっているような健忘症にかかっているにもかかわらず、外国語使用能力や戦闘の仕方、刃物の使い方などの技術は忘れていないという現象がありうるのです。

ひと言で記憶といっても、そこにはいくつかのタイプの記憶が存在します。ひとつは「エピソード記憶」といわれている記憶です。この記憶はふつう私たちが考える記憶であり、「いつ、どこで、誰が、なにを」などの属性をもつ出来事の記憶です。簡単にいえば、「思い出」がそれにあたります。エピソード記憶の中でとくに自分に関係した記憶のことを「自伝的記憶」といいます。エピソード記憶は、記憶障害においてはもっとも影響を受けやすい記憶の種類です。ですから、心因性でも外傷性でも記憶が失われる場合、エピソード記憶が最初に失われます。さらに、「手続き記憶」とか「意味記憶」といわれている記憶が存在します。手続き記憶はいろいろな事柄の仕方――たとえば、料理の仕方やケンカの仕方など――の知識を含んでいます。また、ボーンの無意識的に駐車場の車をチェックしてナンバーを記憶するなどの認知的なスキルも、この部類に入る記憶です。意味記憶とは、英単語の知識や社会常識などの「知識」といわれる記憶です。過去の自分が思い出せなくなっても、この種の記憶は失われないのがふつうです。

エピソード記憶と意味記憶、手続き記憶のシステムはかなり独立性が高く、司っている脳の部位も異なっていることが知られています。そのため、障害を受ける場合にもそれぞれ別々に影響を受けるのです。ボーンやサマンサは、エピソード記憶は想起できなくなってしまいましたが、そのほかの記憶システムは影響を受けていないのです（ただし、自分の名前や住所などの情報は、エピソード記憶というよりは意味記憶に近いものですが、映画の設定では失われていますし、現実の症例でも失われていることが少なくありません。このあたりの詳細なメカニズムについてはわかっていません）。

第2章

体験しなかった出来事を思い出させることはできるのか？

一　体験しなかった出来事の記憶

フォールスメモリー現象とは

前章では、「もとからある記憶」が、あとから入ってきたさまざまな情報によって変形されてしまう場合がある、という現象を述べてきました。そして、これはほんのちょっとしたきっかけで生じてしまうということもわかりました。私たちの記憶は、一度貯蔵されてしまうと取り出されるまでそのままの形で保存されているようなものではないわけです。

では、この現象のもっとも極端な形態はどのようなものでしょうか。それは「もとからある記憶」が存在しないにもかかわらず、「実際には体験していない出来事の記憶」がつくり出されてしまう現象です。この記憶を「フォールスメモリー」といいます。フォールスメモリーは、あとから入ってきた情報によって記憶がゆがむという事後情報効果に比べて、はるかに信じがたい現象です。こんなことが実際に生じるのでしょうか。

ハイマンのフォールスメモリーをつくり出す実験

この現象を実験的に示したのが、ハイマンらです。彼らは、大学で心理学入門を受講している人に対して、次のような実験を行いました。まず、彼らの両親に調査票を送ります。そこには、一〇個の出来事が書かれています。両親は、学生が二歳から一〇歳までの子ども時代に、これらの一〇個の出来事を体験したことがあるかどうか、もしあるのだったら、そのときの詳細な状況はどうだったのかについて報告することを求められました。この一〇個の出来事のうち七個は、迷子、入院、ペットの死、有名人との遭遇などの、いかにも多くの人が体験しそうなことでした。実際、多くの学生がこれらの体験をしていました。そして残りの三つですが、これは次のような出来事です。(1) パーキングブレーキをいたずらして車が動き出してしまった、(2) スーパーマーケットで誤って火災報知器を鳴らしてしまった、(3) 結婚式でパンチボウルをひっくり返してしまった。これらは、実際に起きても不思議はない出来事ですが、もちろんほとんどの学生が体験していませんでした。

さて、次にハイマンは、学生が実際に体験した出来事ふたつと、実際には体験していない最後の三つの出来事のうちのひとつをペアにして呈示しました。そして、これらの出来事の記憶を想起するように試してもらいました。実際にあった出来事については思い出すことはできるかもしれませんが、最後のひとつの出来事は実際には生じていないわけですから思い出すことはできないはずです。ハイマンが試みたのはまさに、実際には生じていない出来事も「思い出す」ことができるのではないかという実験なのです。

実験参加者は、はじめにこれらの出来事についてのヒントを与えられ、記憶が思い出せるかどうか試します。もし思い出せない場合には引き続きヒントを出しました。もちろん、実際にはなかった出来事についてはヒントもなにもないわけですが、もっともらしいことをいってヒントにしました。ヒントとしては、その出来事が起きた場所や一緒にいた人、そこでの行動などの情報が使われました。

この実験の結果、初回のインタビューではかなり多くの実験参加者が実際にあった出来事を思い出しましたが、もちろん、実際にはなかった出来事の記憶について、「思い出す」ことができた人はひとりもいませんでした。ところが、しばらく間をおいてこのようなインタビューを繰り返して行うと、驚くべきことに実際にはなかった出来事を想起する実験参加者が現れはじめたのです。ハイマンらの実験結果を図2－1に示しました。二回目のインタビューでは、一七・六％、三回目のインタビューでは、じつに四分の一、二五・五％の人々が「実際には存在しない」過去の思い出を想起していることがわかります。ある実験参加者などは、はじめの頃は、「なにも思い出せないですよ～。そんなことがあったなんて聞いたこともないし。六歳の頃です

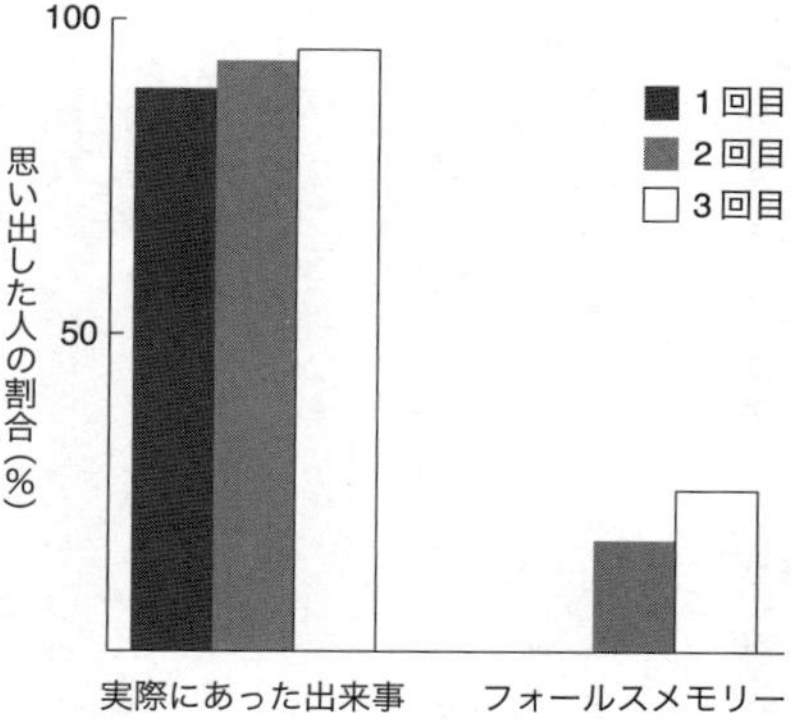

図2-1　ハイマンらのフォールスメモリー形成実験の結果　実際に起きなかった出来事でも、繰り返し想起させると想起可能になる。Hyman, et al., 1995を参考に作成。

か？　なんにも思い出せません」と語っていたのに、三回目のインタビューの際は「結婚式は、スポーケン（Spokane：アメリカ・ワシントン州の都市）にいた僕の友だちのお兄さんの。季節は春か夏でしたね。外は暑かったから。野外の結婚式で、僕は走り回っていてなんかにぶつかっちゃって。パンチボウルだったかな。汚しちゃって、大声を上げたんです」と話すようになったのです。

ショッピングモール実験で迷子になった記憶を思い出させる

さて、前章で登場した心理学者のロフタスは、記憶の変容を扱った授業の中で学生にひとつの課題を出してみました。それは、自分の知人に、実際にはなかった記憶を思い出させるというものでした。この課題に積極的に取り組んだ学生として三年生のコーアンがいました。彼は自分の家族を対象にして、実験を行うことにしました。彼はまず、家族のそれぞれのメンバー向けに、三冊のブックレットを作成しました。ひとつは妹用、もうひとつは弟用、そして母親用です。ここには、三つの実際にあった出来事と、ひとつの実際にはなかった出来事が含まれていました。実際にはなかった出来事は次のようなものでした。

「それは一九八一年か八二年のことだと思う。クリス（コーアンの弟）は確か五歳だった。そのとき僕は一二歳。家族みんなでスポーケンにある大学街のショッピングモールに行ったんだけど、そこでクリスが迷子になっちゃって、みんなしばらくパニックになったんだ。でもしばらくして、クリスがフランネルのシャツを着た背の高い年配の男の人と一緒にいるのが見つかった。クリスは泣いていて、その男の人の手をつかんでいた。その男の人の話によると、クリスは泣いて歩き回っていたけれど、しばらくすると自分のところにきて、家族を探すのを手伝ってほしいといったということだった」

コーアンは、このブックレットを三人に渡して、これから六日間毎日、それぞれの四つのストーリーについて、思いついたことを空白の部分に書き込んでいくようにと頼みました。実際にはなかった出来事について、母親は（もちろん）、最後までなにも思い出すことはできませんでしたが、クリスは、次第にこのときの出来事を思い出していきました。彼が記載した日記は次のように書かれています。

第一日：そのおじいさんについて少し思い出した。「やった、親切な人だ！」と思ったのを覚えている。
第二日：その日、僕は本当に怖くて、もう家族には会えないかもしれないと思った。困ったことになったと思った。
第三日：母さんが「もう二度と迷子になんかなっちゃダメよ」といったのを思い出した。
第四日：おじいさんが着ていたフランネルのシャツを思い出した。
第五日：お店のことを思い出した。

最後の面接では、クリスは次のように話しています。

家族としばらく一緒にいたあとに、おもちゃ屋に行って迷子になったと思う。それであわててみんなを探し回ったんだけど、もう家族には会えないかもって思った。本当に困ったことになったなあと思ったんだ。とっても怖かった。そうしたら、おじいさんが近づいてきたんだ。青いフランネルのシャツを着ていたと思う。すごい年寄りというわけではないけど頭のてっぺんは少し禿《は》げていて灰色の毛がまるくなっていて、めがねをかけていた。

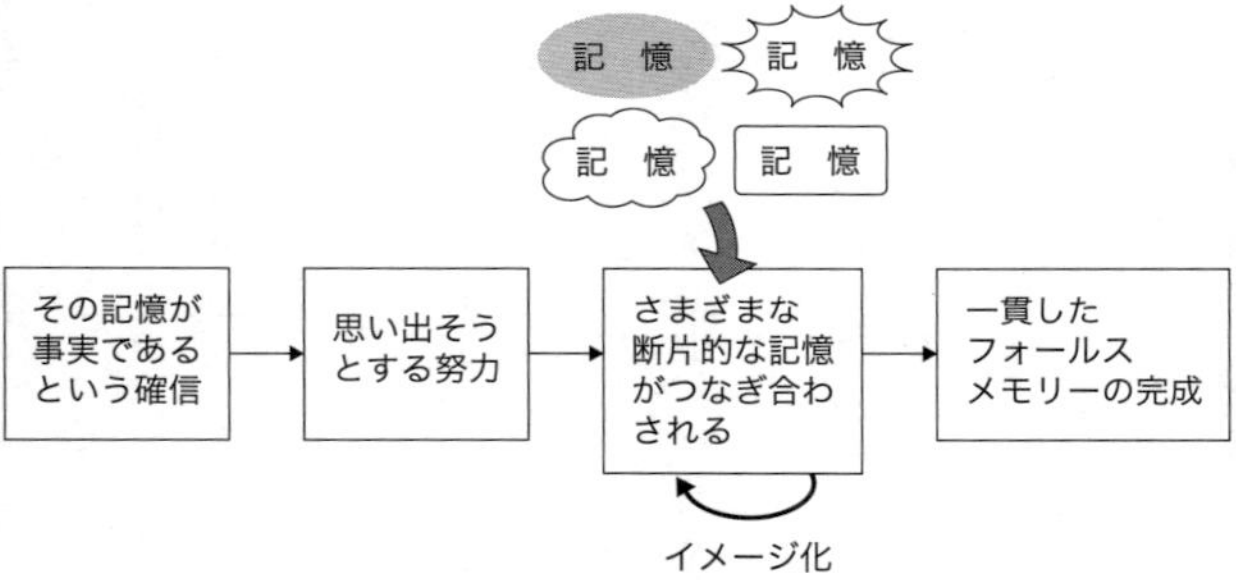

図２-２　フォールスメモリーが形成される道筋

また、コーアンが、その記憶がどのくらいはっきり思い出せるかを一〜一一までの段階で判断するようにクリスに求めたところ、「八」と答えました。

出来事を思い出そうと努力すると記憶が生み出される

では、なぜこのようなフォールスメモリーがつくり出されるのでしょうか。ハイマンやコーアンの実験参加者たちは、おそらくこのような記憶を思い出そうとさまざまに思いをめぐらせたと思われます。いろいろな手がかりを頭の中で探すと、おそらく関連がありそうないろいろな記憶の断片が思い出されてきます。コーアンの実験でいえば、ショッピングモールに行った記憶や、どこか（たぶんショッピングモール以外の場所）で迷子になった記憶、お母さんが見当たらなくて不安になった記憶や、見知らぬ男性と話した記憶などです。しかし、それらの記憶自体は、あくまで断片であり、いつどこでの体験なのかはあまりはっきりしないかもしれません。第1章でも述べたように、記憶の内容自体と、それがいつ、どこでの記憶（ソースメモリー）なのかを判断するのは、異なったメカニズムであるからです。

しかし、本人はこのようにして想起された記憶の断片を「そのとき」の記憶が蘇ってきたと考えてしまうのです（ソースモニタリングエラーです）。すると、ヒントとして呈示されたストーリーに従ってそれらの記憶がパッチワークのように貼り合わされていき、次第に現実感のある記憶が完成されていきます。さらに、頭の中でこれらのイメージを反芻《すう》するに従って、記憶はより鮮明で一貫した構造を獲得していきます。そして最終的には、リアルな偽の体験の記憶が形成されてしまうわけです。つまり、体験しなかった出来事でも一生懸命考えることによって、フォールスメモリーが完成してしまうのです（図2-2）。

二　イメージするとフォールスメモリーが形成される

イメージ膨張効果

さて、フォールスメモリーの形成には、イメージ化が重要だというお話をしましたが、これに関連する現象として「イメージ膨張効果」といわれている現象が知られています。これは、あるものを想像してイメージ化することによって、実際に生じた知覚とイメージによって生み出されたものが区別できなくなってしまい、実際に生じたもののように感じられてしまう現象のことです。

たとえば、実験参加者に四〇個の出来事（子どもの頃に生じそうな出来事）を呈示します。この中には「一〇ドルを見つけた」、「散髪で失敗した」、「木にぶつかった」、「賞品にペットをもらった」、「窓ガラスを割った」、「救急車を呼んだ」などの項目が

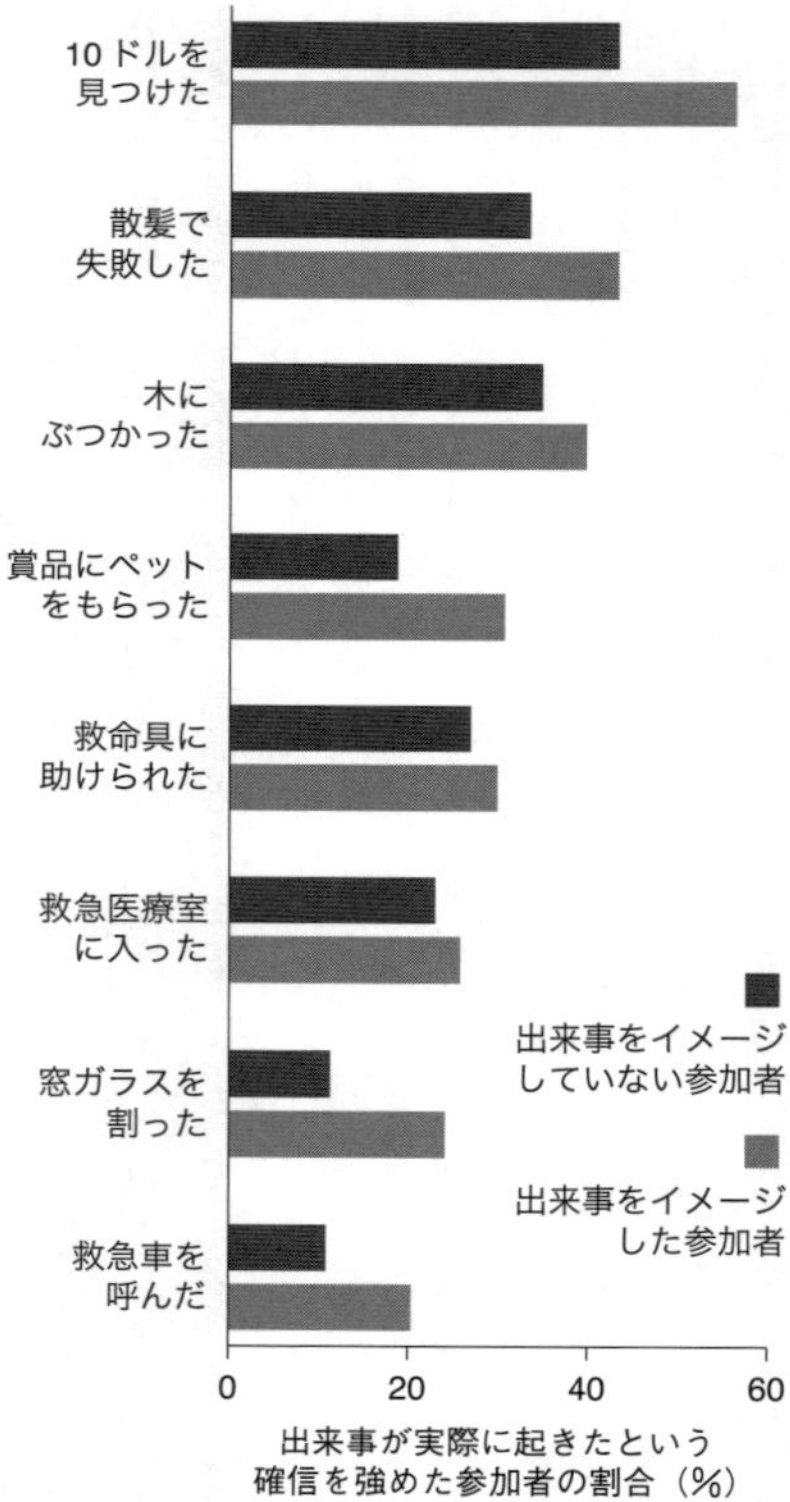

図2-3　イメージ膨張効果の実験結果　イメージを思い浮かべさせると、その出来事が実際に起きたと思うようになる。Paddocks, et al., 1999を参考に作成。

入っています。実験参加者には自分が子どもの頃にこれらの出来事がどのくらい起きたのかを「絶対に起きなかった」から「絶対に起きた」までで評定してもらいました。その後、いくつかの項目については、頭の中でこのような出来事をイメージ化してもらいました。二週間後、この四〇個のリストについて同様にそれが本当に起きたのかどうかを評定させたところ、イメージ化した項目が実際に起きたという確信度が増加していることがわかりました（図2-3）。イメージ化することによってその出来事が実際に起きたと思いやすくなるわけです。

イメージ化を促進するとフォールスメモリーが生じやすくなる

このイメージ膨張効果がフォールスメモリーの形成を後押しするのならば、さきほどあげたハイマンらの「結婚式でパンチボウルをひっくり返す」フォールスメモリー作成実験を行う場合にもイメージ化を促進すると、より容易にフォールスメモリーがつくり出されるだろうと予測されます。そこでハイマンらは、最初の実験の翌年に、この問題についても実験を行ってみました。実験の方法は最初の研究と同様です。実験参加者の両親に協力してもらって収集した二～五個の実際にあった出来事と、結婚式でパンチボウルをひっくり返してしまったという実際にはなかった出来事が呈示され、実験参加者にそれらの記憶を思い出すように考えさせました。インタビューは一

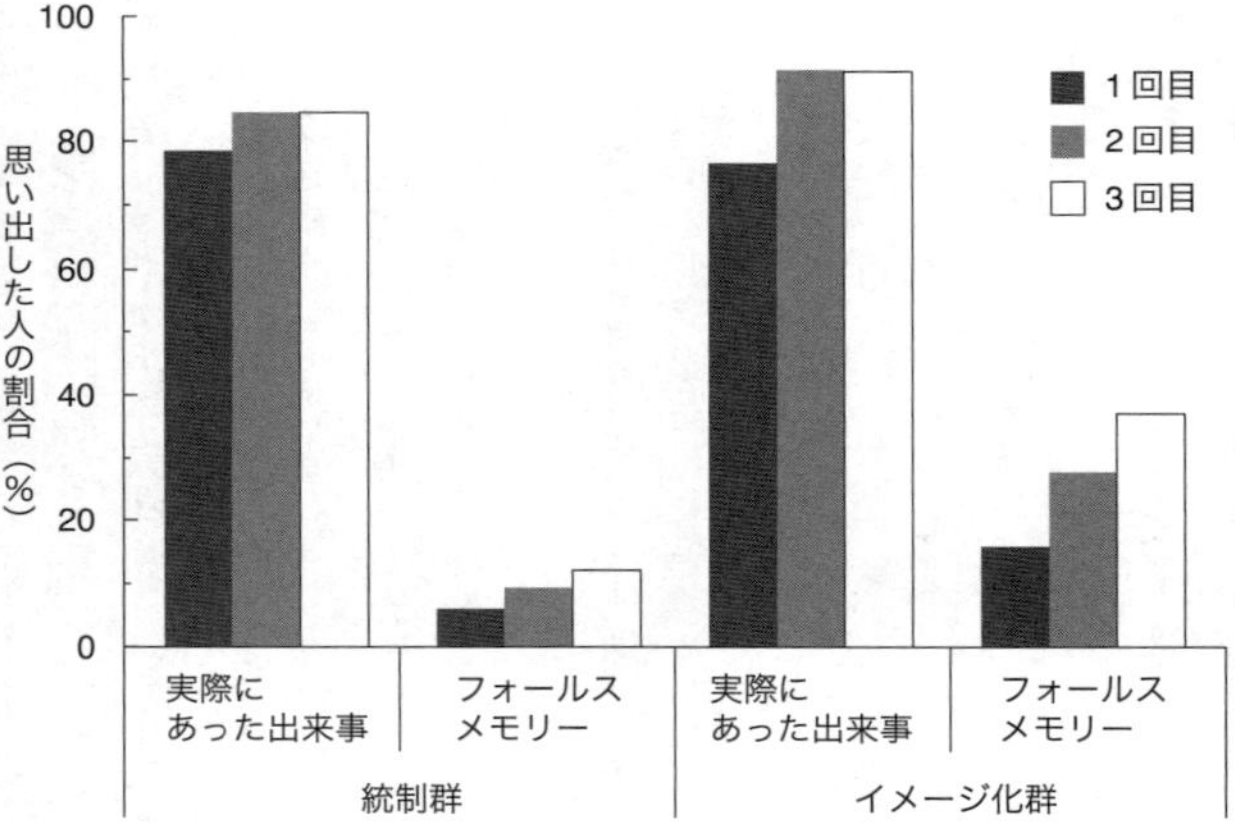

図2-4　ハイマンらのフォールスメモリー形成実験の結果　イメージ化しながら想起させると、実際に起きなかった出来事が想起されやすくなる。Hyman & Pentland, 1996 を参考に作成。

日おきに合計三回行われました。ここまでの手続きは前に紹介した実験とだいたい同じなのですが、今回の実験では、インタビューの仕方にふたつの条件を設定しました。ひとつめの条件はイメージ条件で、このグループの実験参加者には、呈示した記憶を思い出せなかった場合には、その出来事をできるだけ詳細までイメージ化して語ることを要求しました。そして、このような作業を行うことによって記憶が思い出しやすくなると教示しました。ふたつめの条件は統制条件で、このグループの実験参加者には、記憶を思い出せなかった場合には、四五秒から六〇秒、座っておとなしくその出来事を考えることによって記憶が思い出しやすくなると教示し、それを実行させました。

実験の結果を図２－４に示します。縦軸は記憶を思い出した人の割合です。予想どおり、イメージ化群の実験参加者が統制群よりも多くのフォールスメモリーを想起していることがわかります。

ディズニーランドでバッグス・バニーに会った記憶を思い出させる

ブラウンらは、この現象をちょっと違った方法で確認しています。彼はまず、実験参加者にイメージ膨張効果と同様の実験方法で、さまざまな出来事について自分が体験したことがあるのかを「絶対にない（０）」～「絶対にある（１００）」までの一〇一段階で評定させ、数直線上にチェックする課題を行わせました。その中には「ディズニーランドでミッキーマウスと握手をした」というものが含まれていました。最初の評定を行った一週間後に実験参加者にはもう一度実験室にきてもらって、二度目の評定を行ってもらいました。ただし、半数の実験参加者にはこの評定を行う前に、ディズニーランドの広告を実験参加者に見てもらいました。この広告は、人々がディズニーランドに行って、ミッキーと出会い、そして握手して感動するというプロセスを描いた文章からなるノスタルジック広告なのですが、まさに自分がミッキーとの握手を体験したようなイメージを喚起する文章からなっています（表２－１）。

表2-1　ブラウンの実験のノスタルジック広告

ミッキーからあなたへ――「マジックを思い出して！」

子どもの頃に戻って……そしてその頃の自分のことを思い出して……。ミッキー、グーフィー、ダッフィー、ドナルドダック。お父さんとお母さんがはじめて、君を彼らの家であるディズニーランドに連れて行ってくれた日のことを……。

はじめて自分の目でミッキーを間近に見たときに、君はどう感じたかな？　そのときの気持ちを思い出してごらん。君がミッキーと一緒にいるところを写真に撮ろうと思ってお母さんがミッキーのほうに君を送り出してくれたよね。ミッキーは思ったよりもずっと大きかったよね。テレビではあんなにちびっこなのに。そして、ミッキーとついに握手できる瞬間に、きみは立ち止まってしまった。ついにあのミッキーが、ずっとテレビで憧れてきたミッキーが、いま、たった数フィート先にいる。心臓が止まりそう。手の汗は止まらない。君は、手の汗をふいて、そして、ミッキーと握手しようとして背伸びした。ドキドキして、君は失神しちゃうか爆発しちゃうんじゃないかと思った。でも、その夢の瞬間はあっという間に終わっちゃったよね。残されたのはただ、一枚の写真、もうすぐ現像されてくる写真。そこには君の興奮して赤くなった顔が写っているはずだ。

この実験の結果、広告を見なかった実験参加者ではその日の出来事を実際に体験した評定値が、第一回目と同じ人、上昇した人、下降した人がほぼ同じくらいだったのに対して、ディズニーの広告を見た人は、驚くべきことにほとんどの実験参加者がミッキーと握手したと思う度合いが上昇していました（図2-5）。

この実験は、ミッキーマウスとの握手というフォールスメモリーが、広告によって埋め込まれたという説明も確かにできますが、そう考えるのには、ひとつの大きな弱点があります。そ

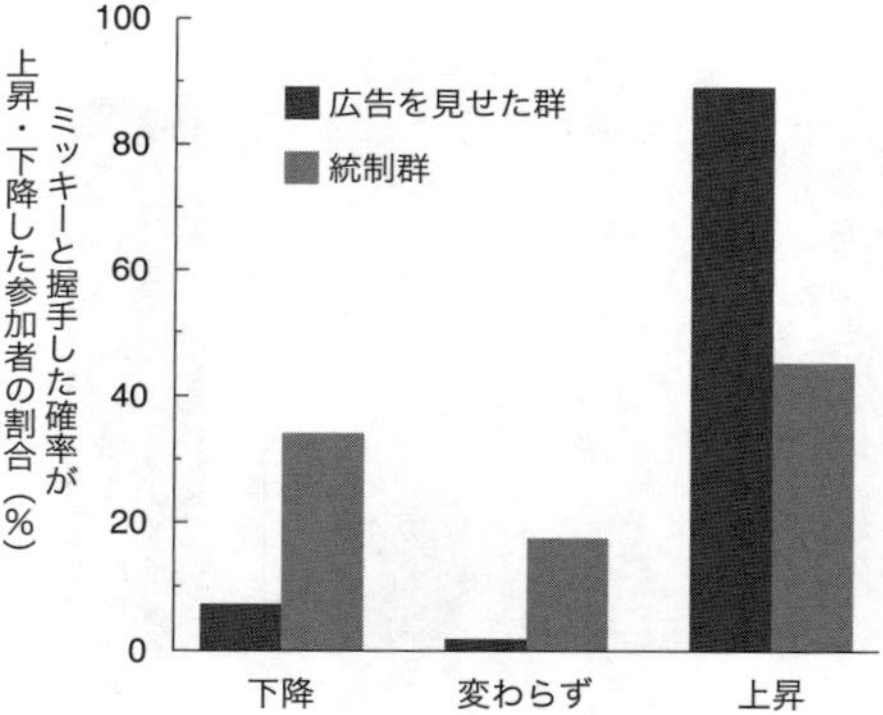

図2-5　ディズニーのイメージ喚起広告を見たことによって、ミッキーとの握手体験率が上昇する　Braun, et al., 2002 を参考に作成。

れは、ある程度の人は、過去に実際にディズニーランドに行ってミッキーマウスと握手したことがあるという点です。つまりこの実験では、広告によって、ミッキーマウスとの握手の記憶が埋め込まれたというよりも、その記憶の想起を促進させたに過ぎないという可能性があるわけです。

そこで、ブラウンらが次に考えたのは、実際にはありえないイベントを同様な方法によって「思い出させる」ことができるのかを試すことでした。そのひとつは、「ディズニーランドでバッグス・バニーと握手した」という記憶で、もうひとつが「ディズニーランドでアリエルと握手した」という記憶です。じつは、バッグス・バニーはディズニーのキャラクターではなく、ワーナーブラザーズのキャラクターです。それ

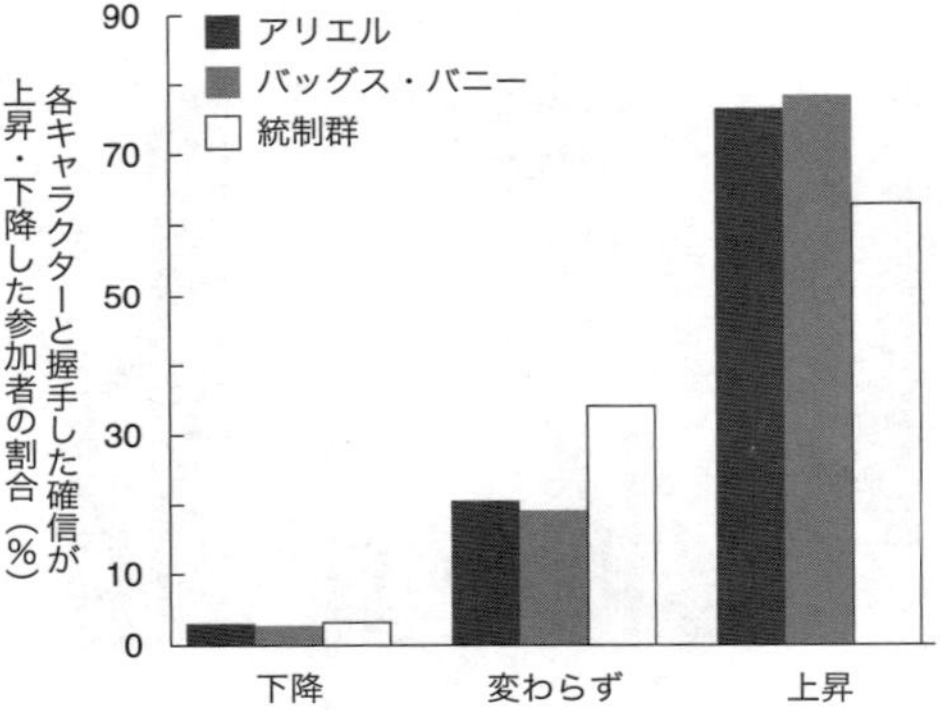

図2-6　イメージ喚起広告によってディズニーランドで各キャラクターと握手した確信が上昇する　Braun, et al., 2002 を参考に作成。

ゆえ、ディズニーランドにいるわけはありません。また、アリエルはこの実験の参加者たちが子どもの頃にはまだ登場していなかった新キャラクターであって、当然握手できるはずはありませんでした。そのため、同様な実験を行って、このような体験をしたという確信度が上昇したとすれば、それはフォールスメモリーによるものだと考えられます。この実験の結果も驚くべきものでした。二回目の評定の前にバッグス・バニーやアリエルとの握手について、イメージさせる広告を読ませることによって、ほとんどの実験参加者で、その出来事を体験したという確信度が上昇したのです（図2-6）。

図2-7　家族写真を加工して、気球に乗っている場面をつくり出す　Wade, et al., *Psychonomic Bulletin & Review*, **9**, 599(2002). With kind permission from Springer Science and Business Media.

偽の写真によって偽の記憶をつくり出す

このように考えると偽物の鮮明なイメージを与えることによって、実際にはなかった記憶をつくり出しやすくなるということが考えられます。これを実験的に検証したのがウェイドらの実験です。彼は、実験参加者の家族から子どもの頃の写真を提供してもらいました。まず最初にそこから三枚の写真を選択します。たとえば、誕生パーティーや家族旅行の写真が選ばれました。これらを「実際にあった出来事」条件とします。そしてもう一枚、四〜八歳の頃の実験参加者と家族のメンバーがふたりで写っている写真を選択します。この写真を画像編集ソフトで切り取り、気球の写真の中に組み込んで、あたかも実験参加者とその家族が気球に乗っているような偽の写真をつくり出します（図2-7）。そして、この写真を使用して、反復インタビュー実験を行ったのです。実験参加者は、七〜一六日の間に合計三回のインタビューを受けます。そして、本当の出来事三つと偽の出来事ひとつ（気球のエピソード）を想起するようなインタビューを受けるのです。三回のインタビューの間に偽の出来事を想起すれば、フォールスメモリーの形成は成功したことになります。実験参加者の実際の反応例を示してみましょう。

【ウェイドの論文の実験参加者の反応例】

●第一回目のインタビュー

実験者：この出来事について覚えていることをどんなに細かいものでもいいですから、なるべく多く話してくれますか。
参加者：ええと、いままでに気球に乗ったことなんてなかったわ。
実験者：なにも思い出せませんか？
参加者：ええ、思い出せません。これは自分だけど……。記憶もなにもない。
実験者：これから数分時間をとって、記憶が戻ることに集中してその出来事についてなにか思い出せるか、試してみませんか。
参加者：いいえ、本当に正直できないと思う。これってすごいいらいらする。

●第三回目のインタビュー

実験者：さて、先日と同じことをやりましょう。三つめの出来事――気球に乗ったことですが――についてどんなに小さなことでもよいですので、思い出したことを教えてください。

参加者：そのとき姉が何歳だったか、思い出そうとしています……何歳だったか。つまり、気球に乗ったときのこと。ええと、ええと、このとき、私は六年生だったってことについては絶対合っていると思う。地元の小学校で、基本的に一〇ドルかそのくらいでバルーンに乗れて、二〇メートルくらい上がったと思う。それは確か土曜日のことで、ええと両親と行った。いや違う、おばあちゃんじゃなかったかな。ほかに誰がいたのか明確に覚えていない。ええと、お母さんが地面にいて写真を撮っていたということは確かよ。

この実験の結果を図2－8に示します。実際にあった出来事は、第一回目のインタビューからほとんどの実験参加者が想起することができています。気球に乗ったという偽の出来事に関しては、第一回目のインタビューで、二〇人中七人の参加者がフォールスメモリーをつくり出しました。そして、第三回目のインタビューでは、じつに五〇％の参加者がこの記憶を思い出してしまいました。この五〇％という比率は、い

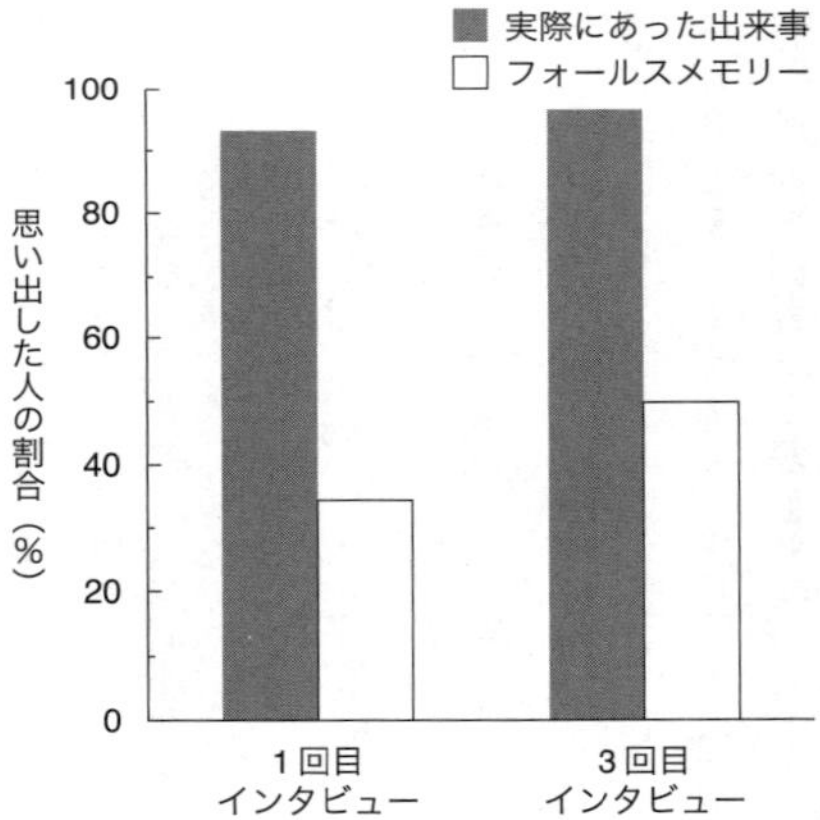

図2-8　写真を使ったフォールスメモリー形成実験の結果　Wade, et al., 2002より。

ままでのフォールスメモリー形成実験の中でもとても高い値です。つまり、写真のような視覚的なイメージの証拠がある場合には、フォールスメモリーの形成は相当に容易になるということがわかります。

子どもの頃の写真を手がかりとして呈示すると偽の記憶を埋め込みやすくなる

リンゼイらは、ウェイドらの実験のように直接的な写真を見せなくても、関連する写真を呈示することによってイメージ化が促進され、偽の記憶を埋め込みやすくなるという実験を行っています。

この実験では、まず両親に子ども（実験参加者）が五〜六年生のときの出来事の記憶と三〜四年生のときの出来事の記憶をひとつずつ聞き取ります。そして、一〜二年生のときに「ターゲットイベント」のような出来事がなかったことを確認します。さらに、両親に子どもが一〜二年生のときの担任の先生の名前を聞きます。最後に各学年

表2-2　リンゼイらの実験におけるターゲットイベント

ジェーン（実験参加者の名前にする）が1年生だった頃のことを覚えています。当時の子どもたちがみなそうだったように、ジェーンも、みんなが遊んでいた気持ち悪いスライムのおもちゃをもっていました。ある日、彼女がスライムを学校にもってきて、先生がくる前に先生の机の中に入れちゃおうっていったのを覚えています。ジェーンは、先生に怒られたとき、自分が思いついたわけじゃない、友だちが思いついたんだっていってました。でもスモレット（実際の1年生のときの担任の先生の名前を入れる）先生は、許してくれませんでした。ジェーンと友だちは壁のほうに向かって30分間正座させられました。

のときのクラスの集合写真を借りてきます。

次に、実験参加者を実験室に呼んできて、ひとりずつ面接形式で実験を行います。まず彼らには五～六年生のときの実際にあった出来事を呈示して、その出来事についてできるだけ多くのことを思い出して語ってもらいます。次に三～四年生のときの出来事について同様に語ってもらいます。最後に一～二年生のときの出来事として、「ターゲットイベント」を呈示します。この出来事は、実際には生じていない出来事です。呈示するターゲットイベントは表2-2です。実験参加者はふたつのグループに分けられ、「写真なし」群では、クラス写真は使われません。一方、「写真あり」群では、出来事を思い出す手がかりとして、クラス写真が与えられました。

インタビューは二回に分けて行われました。まず、第一回目の面接で出来事を呈示して、それを思い出せるか試しました。第一回目の面接が終了すると、

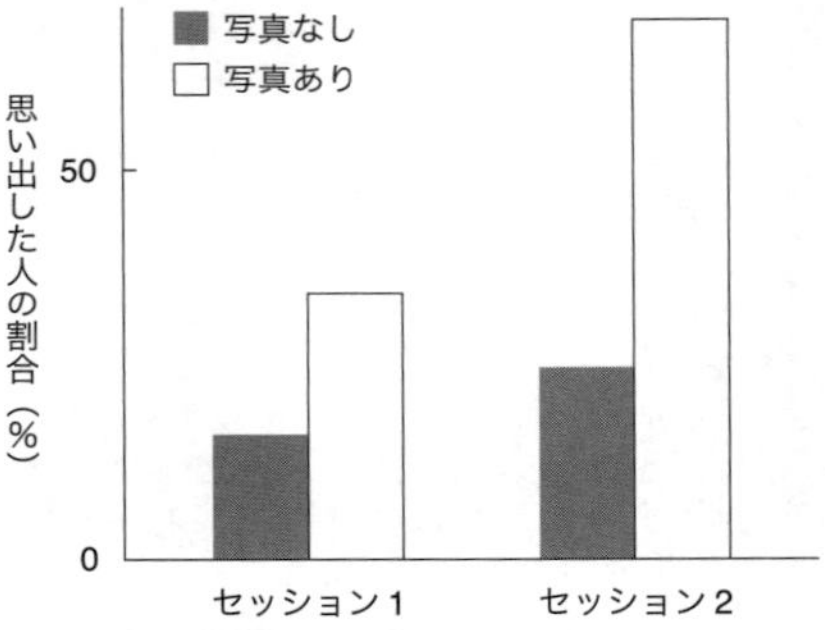

図2-9　写真をヒントにすることによるフォールスメモリー形成実験の結果　Lindsay, et al., 2004 より。

実験者は「ターゲットイベント」に集中して、数日間この出来事を思い出す努力をするように参加者に教示します。そして、出来事が記載された用紙と「写真あり」群にはクラス写真を手がかりとして与えます。その四日後に実験者は一度、参加者に電話をして、実験の進行状況を確認し勇気づけるとともに、できるだけその出来事を頭の中でイメージ化して、その場にいるような気持ちになって思い出すのだよと想起方法を教示します。一週間後に参加者にはふたたび実験室にきてもらって、そこで、その記憶について思い出した内容の報告をしてもらいます。

これらの実験で、実験参加者の話した内容について、ふたりの評定者が次の三つのカテゴリーに分類しました。ひとつは「思い出せなかった」です。次は「断片的なイメージは出てきたが、記憶は想起できなかった」です。そして最後が「記憶を思い出した」というものです。もちろん、この「ターゲットイベント」は実際にはなかった出来事ですので、この「思い出した」というのはフォールスメモリーを形成したということになります。さて、「思い出した」人の比率を図2-9に示します。「写真あり」群では、一週間後にじつに七〇%近くの人がフォールスメモリーを「想起」してしまったということがわかります。

この時代に小学生であった人なら「スライム」の記憶や、「学校の先生の机」の記憶、「怒った先生」の記憶など、さまざまな記憶の断片が頭の中にあるはずです。集合写真を見ることによってこれらの記憶が想起されやすくなり、呈示されたストーリーの形に再構築されてしまったのだと考えられます。

嫌な出来事の記憶のほうが埋め込みやすい

さて、では、埋め込みやすいのはどのような記憶なのでしょうか。たとえば、幸せな記憶と嫌な記憶のどちらが埋め込みやすいのでしょうか。リンゼイらと同様な手続きを使用してこの問題を研究したのは、オタガーらのグループです。彼らは、七六人の小学校二年生を対象にして研究を行いました。埋め込みの対象としたのは、ニュートラルな記憶ひとつ（教室の引っ越し）とネガティブな記憶ひとつ（先生から隣の席の人の答えを写すなと注意されたこと）です。これらそれぞれの記憶については、予備実験で同じ程度のもっともらしさと評価されていました。子どもたちに、一年生の

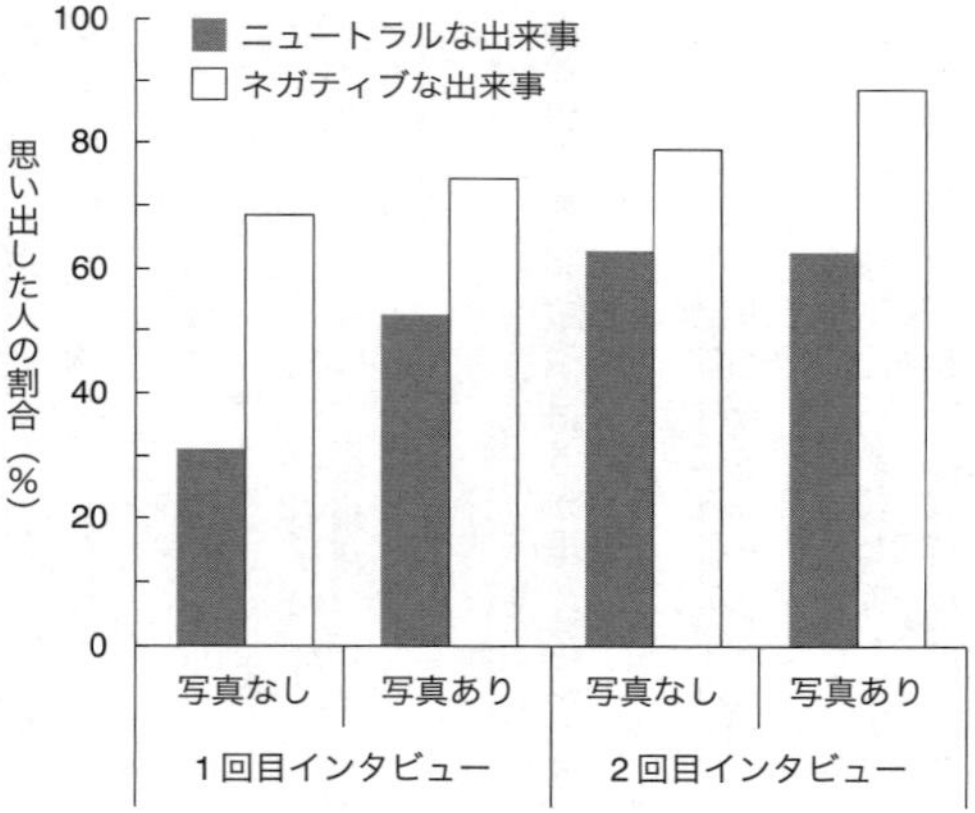

図2-10　子どもを対象にしたフォールスメモリー形成実験の結果　写真があったほうが、またニュートラルよりもネガティブな記憶のほうがフォールスメモリーを形成しやすい。Otgaa, et al., 2008 を参考に作成。

ときに実際にあったふたつの出来事と、埋め込み対象の実際にはなかった記憶についてインタビューを行いました。インタビューは一週間の間をあけて行われました。リンゼイらの実験と同じように半分の子どもたちには、一年生のときのクラス写真が想起手がかりとして与えられました。この実験の結果を図2－10に示します。縦軸は、フォールスメモリーを想起した子どもの割合です。まず、大人に比べて、フォールスメモリーの想起率が非常に高いことがわかります。また、リンゼイらの実験と同じように写真の手がかりがあったほうが、フォールスメモリーを想起しやすいということもわかります。

そしてこの実験でもっとも重要な結果として、ニュートラルな出来事よりもネガティブな出来事のほうがより多くの子どもたちにフォールスメモリーを生じさせたことがわかりました。

この原因のひとつとして、一般にネガティブな出来事のほうが、明確にイメージしやすいということがあるかもしれません。トラウマや虐待などの嫌な記憶が埋め込まれやすいのは、この効果が存在しているからとも考えられます。

もっともらしい出来事でないとフォールスメモリーは形成されにくい

さて、出来事のイメージ化がフォールスメモリー形成に影響を与えるという実験結果を示しましたが、じつは、フォールスメモリーの形成にはもうひとつ重要な条件があります。それはその出来事がほんの少しでもほんとうに起きた可能性がある、つまり、あってもおかしくないと認識されることです。

子ども時代に、結婚式に行ったことのない人にパンチボウルの記憶を植え付けるのはかなり困難ですが、よく結婚式に行っていた人にこの記憶を植え付けるのはそれほど難しくありません。また、子どもの頃、両親が忙しくてどこにも遊びに連れて行ってもらえなかった人に、ディズニーランドでミッキーと握手した記憶を植え付けるのも難しいことですが、いろいろなテーマパークに行った思い出をもっている人にこの

表2-3　フォールスメモリーを想起した高校生の宗教とエピソードの関連

	どちらも思い出せない	カソリックのみ思い出す	ユダヤのみ思い出す	両方思い出す
カソリック	19	7	1	2
ユダヤ教	19	0	3	2

Pezdek, et al., 1997 を参考に作成。

記憶を植え付けるのはそれほど難しくありません。

この現象を実験的に検討したのが、ペズデックらのグループです。彼女らは、いままで述べてきたフォールスメモリー形成の実験と同様な方法で、これを検討しました。実験に参加したのは、二二人のユダヤ教信者と二九人のカソリック信者の高校生です。彼らに、八歳のときの記憶として、三つの実際にあった出来事とふたつの実際にはなかった出来事の記憶を「母親から聴取した物語だ」として呈示し、思い出せるように教示しました。このふたつの実際にはなかった出来事のうちのひとつは、ユダヤ教の行事に関連したもので（金曜の日没前に二本のろうそくをともして家族で祈る安息日開始の行事に関するエピソード）で、もうひとつはカソリックの行事（教会での礼拝で、神父が舌の上に聖餅《せいへい》をさずけたあと、席に戻るときに別の家族の席に間違って戻ってしまったというエピソード）に関係したものでした。実験の結果、一三人がいずれかの実際にはなかった記憶を思い出しましたが、その内訳は表2-3のようになりました。ユダヤ教徒に関しては、カソリックの行事に参加することはあまり考えられませんし、カソリックに関してはユダヤ教の行事に参加することも考えにくいので、やはり、それがあったというもっともらしさの認知が、フォールスメモリーの形成しやすさに関連していることがわかります。

また、彼女らの別の実験も見てみましょう。この実験では、二〇人の実験参加者の高校生に対して、可能性のありそうな出来事としてコーアンとロフタスが使用している「ショッピングモールでの迷子」ケースを用い、可能性の低そうな出来事として「浣腸」ケースを用いて、記憶の埋め込み実験を行いました。実験手続きはやはり典型的なフォールスメモリー形成の方法を用い、ひとつの実際の出来事と、上記ふたつの出来事を呈示してどちらかの記憶が想起されるかの実験を行いました。

ちなみに「浣腸」ケースは、弟（あるいは知人）から提供された話として呈示される次のようなお話です。「ある夏の日に、連日ジャンクフードを食べ過ぎたせいであなたは非常に具合が悪くなり、吐き気に襲われました。母は浣腸しないとだめだといい、浣腸は体に害のあるものではないし、それをやると気分がよくなるとあなたに言い聞かせて、あなたをバスルームに連れて行きました。その後、バスルームからあなたの悲鳴が聞こえてきました」。この実験の結果、「ショッピングモールでの迷子」は三人が思い出しましたが、「浣腸」を思い出した人はいませんでした。

なぜ、「もっともらしい」かどうかが重要なのかについてのひとつの説は、そもそも、明らかにもっともらしくない記憶であれば、その想起に対して努力をしたり、イメージ化を行わないからだと思います。そんな可能性がまったくなければ、そもそも思い出す努力をせず、その結果、思い出すことはないわけです。逆に、少しでももっともらしいという可能性があれば、イメージ化が行われるため、時間をかければ、フォールスメモリーを植え付けることができるかもしれません。

さて、ここで、第1章で取り上げた、差異検出原理を思い出してください。差異検出原理はもともと、原記憶とは明らかに異なる事後情報は記憶に取り入れられないというものでした。もっともらしくない記憶でフォールスメモリーが形成されにくいというこの現象は、差異検出原理とほぼ同じメカニズムだといえるでしょう。

トラウマ記憶でさえフォールスメモリーが形成される

さて、その出来事が起きることがもっともらしかったり、確かなことであって、イメージ化が行われれば、非常にトラウマティックな体験さえ、記憶に埋め込めるという例を、アメリカの精神医学者であるレノア・テアが報告していますので紹介しましょう。

ウィニフレッドが二歳五カ月のとき、当時五歳の姉のホリーがプールで大怪我をしました。この怪我は、内臓が体外に飛び出すほどの大怪我でした。このとき、ウィニフレッドはその付近にはいましたが、姉とは違う子ども用プールにいてその出来事は目撃しませんでした。また、この年齢では、もし仮に目撃していたとしても記憶に残ることは考えられません（この問題については次の章でくわしく取り上げます）。

確かに、ウィニフレッドが四歳のときにテアが彼と面接した際には、彼は姉の事故を直接見ていないし、記憶もしていないといいました。ところがその後、ウィニフレッドはその事故の記憶を「思い出し」はじめます。最終的にウィニフレッドは、事故の記憶を視覚的に詳細に想起できるようになりました。彼は、姉の腸が体外に飛び出している様子や、姉を抱える父親を鮮明に記憶していると語りました。

姉のホリーはこの事故のあと、家でずっと寝たきりで療養していました。ウィニフレッドはずっとその姉のそばにいたわけです。そして、事故のときの話を何回も聞き、そしておそらく何回も何回もその出来事をイメージ化したのでしょう。そのためにさまざまな記憶の断片が次第に組み合わされ、さらには自分の想像も合わさって、長期間かけて事故の記憶が形成されていったのだと考えられます。

じつは、このような現象はトラウマ記憶においてはしばしば見られることなのです。メルケルバッハは、トラウマ記憶に苦しむ人々について調査を行った結果、彼らが苦しんでいるトラウマ記憶は、実際の出来事ではなく、拡張され、デフォルメされた記憶であることを明らかにしました。実際にＰＴＳＤ（心的外傷後ストレス障害）の患者さんと話をしてみると、自分の家族が自分と離れた場所で事故や災害にあって亡くなったケースで、その瞬間を見ていないにもかかわらず、彼らが亡くなったその瞬間のイメージがトラウマ記憶になっているケースや、自分自身が死にそうな目にあい、その瞬間は意識を失っていたため記憶に残っているわけではないのに、事故の瞬間がフラッシュバックされるようなケースも少なくありません。このような記憶も、まさにそれが自分の人生にとって重大なイベントであったために何度も何度も何度も頭の中でイメージ化し、反芻《はんすう》した結果、それがフォールスメモリーとなって心の中に刻み込まれたのだと考えられます。

フォールスメモリーを植え付けられた人々

ところでこの種の実験の参加者は、記憶を植え付けられたあと、じつはそれは、架空のものだったという種明かしをされると（これをデブリーフィングといいます）、だいたいが非常に困惑してしまうのが普通です。一度思い出してしまったフォールスメモリーは本人には真実のように感じられてしまうのです。なかには、その記憶は確かなものだと最後まで言い張る人さえいました。私たちの「人生」は過去の記憶の集積からなっているので、このような実験は彼らの「人生」の一部を書き換えてしまっていることになります。これらの実験で参加者に植え付けられた出来事は、たしかに些細な出来事が多いのですが、このような書き換えは、場合によっては非常に大きな影響をもたらしてしまいます。そして、このような記憶を植え付ける方法は開発されていても、一度植え付けてしまった記憶を消す方法は開発されていないのです。つまり、彼らはその後の人生でこの植え付けられた記憶とともに生きていくことになってしまうのです。そのため現在では、この種の実験は、倫理的に問題があるとされるようになり、実施することは困難になっています。

◆この章のまとめ

・実際には存在しなかった出来事でも思い出させることが可能である。
・実際には存在しなかった出来事の記憶を人々に植え付けることが可能である。
・存在しなかった記憶を植え付けるためには、さまざまな記憶の断片が結合してひとつの記憶として再構成されること、それを視覚的イメージとして反復して想起すること、事後情報効果などによって記憶の再構成を補強することなどが重要である。
・また前提として、その記憶がもっともらしい出来事であると認知されることも必要である。

コラム2　埋め込まれた記憶と本当のアイデンティティ

フィリップ・K・ディックは有名なSF作家ですが、彼の書いた作品の中には、記憶と自己の関係を扱ったものが数多くあり、私たち記憶を研究する研究者にとっても非常に興味深い作家でもあります。彼の作品はこのように心理学的にも深いものがありますが、ハリウッド超大作として映画化されている作品も少なくなく、エンターテインメントとしても一流です。

「追憶売ります」はアーノルド・シュワルツェネッガー主演で『トータル・リコール』として一九九〇年に映画化されました（その後二〇一二年には、コリン・ファレル主演でリメイクされています）。この映画では、レジャーとしての記憶の埋め込み（インプラント）が描かれています。主人公のダグラス・クエイドは、昔からなぜか火星に魅せられ、いつか火星に行ってみたいと思っていました。しかし彼は一介の下層労働者であり、火星に行けるだけの資金はもちろんありませんでした。そこで彼が試みようとしたのは、火星に行ったという記憶を心の中に人工的に埋め込むという方法です。これなら、それほど高い料金を必要としません。彼はあまり評判はよくないけれども、やたらテレビコマーシャルをしている「リコール社」を訪ねます。そこで彼は、いくつかのオプションを提示されます。彼は、ただ火星に観光に行ったという記憶を埋め込むだけでなく、「スパイ・バージョン」、つまり、じつは自分はスパイであり、火星の危機を救うために大活躍するという記憶を埋め込むオプションを選択します。そして、記憶を埋め込むための装置にかけられるのですが、装置が作動しようとする瞬間、彼はあることに気がつきます。それは、じつは彼が本物のスパイであり、いまの自分自身のほうが世を忍ぶ仮の姿だったというものです。また、火星には過去にも任務で行ったことがありました。そのために彼は火星にノスタルジーを感じていたのです。これらの記憶は消去されていたのですが、この装置にかけられたことによってその記憶を思い出してしまったのです。ところがこの瞬間から彼を狙って殺そうとする人々が現れます。彼は、リコール社を抜け出して、敵から逃れながら、自分が何者かを確認するため、火星に向かうことを決心するのです。

この物語はふつうに見てみればこのとおりなのですが、ひとつの大きな仕掛けがあります。それは、物語の後半、装置にかけられたあとのことは、彼が実際に体験していることではなく、じつは、すべて植え付けられた記憶である可能性があるということです。これが思い出した本当の記憶であるのか、それとも、植え付けられた冒険譚《たん》なのかは彼にはわかりません。

もし、将来テクノロジーとして記憶の埋め込みが可能になった場合、おそらく大きな問題として生じてくるのは、埋め込んだ記憶と現実の記憶とをあとから区別することができなくなってしまう、つまり広い意味でのリアリティモニタリングの喪失が起こるということです。

この現象は、単に記憶が混同するといった問題以上の問題を含んでいます。もし、自分がスパイだという記憶が埋め込まれなかったら、クエイドのアイデンティティはあくまで下層労働者のままです。自尊心もそれほどは高くないと思われます（だから、奥さんの尻に敷かれています）。ところが、もし自分がスパイであるという記憶がリアルに感じられれば、クエイドは高い能力をもち、強烈なプライドと自尊心をもった人物になるのです（そして、奥さんもたたきのめします）。つまり、過去の記憶は自分のアイデンティティと密接に関係し、それを書き換えるということは自分とは何かを書き換えるのに等しいのです。

この話を聞いて、記憶を植え付けられる時代などまだ当分こないから、少なくとも自分の生きているうちは、記憶が変わることによって自分が変わるなどということは起きないと思っている人は多いと思います。しかし、本章で述べてきたように、記憶の植え付けはじつは、わざわざすごい装置を使って『トータル・リコール』のようにしなくてはできないというものでもないのです。むしろ、私たちにとって記憶の植え付けや改変は、ごくふつうに起きていることかもしれません。とすると、いまの自分は本当の自分なのか、それとも植え付けられたり改変された記憶によって再構成された存在なのか、考えてみるとちょっと恐ろしくなってきませんか？

第3章

生まれた瞬間の記憶は本物か？

一　生まれた瞬間の記憶？――クリスチナの出生時記憶

周産期心理学者のチェンバレンは、退行催眠によって出生の瞬間にまで記憶を遡らせて、その記憶を語らせるという試みを行っています。彼の著作『誕生を記憶する子どもたち』の中には、そのような記録がたくさん掲載されています。その中のひとり、クリスチナの出生時の記憶について見ていくことからはじめましょう。

彼女はまず、母親の胎内から出てくるところを思い出し、次のように語ります。

私は今、床を見ています。頭はさがっていて、肩は上にあって動かない。ああ、いやだ、奇妙な感じ、それに寒いこと、ああ、本当にへんだわ……腰のあたりが誰かにつかまれているみたいで……私の小さいこと、三〇〇グラムもないみたい。いま、でかかっているところです。でも誰かが肩を引っ張り出そうとしています。こっちの肩がでました(肩を動かす)。頭はすでにでていて、下を向いています。こんどはこっち(反対側の肩を動かす) がでたわ。小さな、まがったみたいな私の足が。大きなヒモがぶらさがっていること。でたわ。小さな、まがったみたいな私の足が。まあひどい、なんてくちゃくちゃな子。

続いて彼女は病室の壁や窓の様子、大人たちがブロンクスなまりで話している状況、小さな白い帽子をつけた大柄で胸の大きい看護婦が、白い糊のきいた制服を着ている様子などを、かなり詳細に描写します。はじめて見た父親については、若くて、背が高くて、ハンサムで、白いシャツを着て、髪の毛があるというふうに、鮮明なイメージで描写しています。そして、母親とのはじめての対面の様子を次のように語ります。

言葉はわからなくても、いいたいことはわかります。いいたいことが伝わってくるんです。（略）うれしくてうれしくて仕方がないみたい。母がこれほど狂喜するのは見たことがありません。本当に天にも昇る気持ちなのでしょう。

クリスチナの話は大変に感動的で素晴らしいものです。しかしここで気になるのは、このようなことは本当にできるのだろうかということです。そもそも、出生の瞬間を私たちは記憶していて、それを催眠によって取り戻すことができるのでしょうか。本章では、この問題を検討してみましょう。

二　人間は記憶をどこまで遡れるのか

一番古い記憶はいつの記憶か？

子どもの頃の記憶を思い出してみてください。みなさんは何歳くらいの記憶まで遡ることができますか？　子どもの頃の記憶を思い出してみると、幼稚園のときの遠足や運動会、小学校の入学式、家族旅行、交通事故や家族の死、弟や妹が生まれたときのことなど、さまざまな記憶が出てくると思いますが、その中でもっとも古い記憶はいったいどの記憶でしょうか。この問題は、じつは古くから私たちの興味を引きつけてきました。そのため、いままでに数多くの研究が行われてきています。

もっとも単純な研究方法は実験参加者に、そのものずばり「一番古い記憶」を思い出してもらい、それがいつのことだったのかを年齢とともに報告させるやり方です。ほかにも子どもの頃の記憶をできるだけたくさん思い出してもらい、その出来事が起きたときの年齢を報告させることによって一番古い記憶の年代を推定する方法や、記憶を思い出すためのさまざまなヒントとなる言葉（「キューワード」といいます）を呈示して記憶を思い出してもらいその年齢を推定させて、一番古い記憶を選別する方法など、さまざまな方法で研究されてきました。

表3-1　最初期記憶の年齢についての調査研究の結果一覧（括弧内の数字は標準偏差）

研究	最初期記憶の年齢
Caruso & Spirrison, 1994	4.96（3.12）
Henri & Henri, 1895	3.27（2.33）
Howe, Siegel & Brown, 1993	3.07（女性），3.40（男性）
Kihlstrom & Harackiewicz, 1982	3.24（0.99）
Potwin, 1901	3.01（女性），4.40（男性）
Rule & Jarrel, 1983	3.70（1.58）
Saunders & Norcorss, 1988	3.80（1.60）
Waldforgel, 1948	3.23（女性），3.64（男性）

たとえばワルドフォーゲルは、大学生一二四人に生まれてから八年間の記憶を再生させ、それぞれの出来事が起きた年齢を推定させたところ、三歳以前の記憶はほとんど報告されないということが明らかになりました。

さて、いままで多くの研究者が行ってきたこの種の研究で明らかになった「一番古い記憶」の年齢は、何歳くらいなのでしょうか。代表的な研究の結果を表3-1に示してみましょう。だいたい三〜四歳くらいというところで一貫しているようです。

しかしこのような方法では、正確に一番古い記憶の時期を推測することはできません。これらの実験で行っていることは、実験参加者が古い記憶をいくつか想起して、その中でもっとも古いであろう記憶を選択し、さらに、その記憶がいつのものかを推定するという作業です。この推定が正しい保証はどこにもありません。「子どもの頃、交通事故にあった」

などの記憶であれば、それが何歳のときのものか別の客観的な手がかりがありますが、たとえば、雨の中を車で走っているといった断片的なイメージの場合、そもそもそれが一番古い記憶なのか判断できませんし、また、それがいつの記憶なのか推定する手がかりさえありません。

シャインゴールドとテニーの方法を用いた研究

ではどのような方法で、一番古い記憶の時期を推定できるでしょうか。そのひとつに、シャインゴールドとテニーが考案した方法があります。これは、子ども時代の顕著な出来事、たとえば、弟や妹が生まれたときの事柄をどのくらい記憶しているかについて調査するという方法です。彼らは、「赤ちゃんが男の子か女の子かを教えてくれたのは誰ですか」、「お母さんが入院するということをあなたに伝えたのは誰ですか」のような質問をつくり、これを弟や妹が生まれたときに、一歳三カ月であった人から一七歳五カ月であった人までの三八人、合計八一件の出産の記録について調査しました。その結果、二歳までに弟や妹が生まれた場合には、ほとんどの人が質問に答えることができませんでした。また、三歳になると答えられる質問は急増しました。そこで彼らは人間のもっとも古い記憶は三歳程度であると結論づけました。

この問題を同様な方法論で検討しようとした研究者に、ウーシャーとナイサーがいます。彼らは、シャインゴールドらと同様に時期が明確で顕著な出来事を四つ選択して、大学生にそれらについての記憶があるかどうかを確認しました。選ばれたのは、「弟か妹の誕生」、「はじめての引っ越し」、「入院」、「家族の一員の死」でした。この結果、「弟か妹の誕生」と「入院」については、二歳くらいでもある程度の記憶が存在していることがわかりました。ただし、「引っ越し」や「家族の一員の死」では、もう少し大人にならないと記憶が残っておらず、出来事の種類も、最初期記憶のスタート地点を決める重要な要因であることがわかりました。

この研究については、私も日本人を対象として、追試を行いました。その結果、ウーシャーらの研究と同様に「弟か妹の誕生」については、二歳くらいでもある程度の質問に答えることができ、六歳以降に弟や妹が生まれた場合には、たいていの質問に答えることができました。しかし、「はじめての引っ越し」では、六歳くらいでもあまり記憶に残っておらず、半分程度の質問にしか答えることができませんでした。

何歳までのトラウマ記憶が想起できるのか？

弟や妹が生まれたり、引っ越ししたりすることは、確かに人生の一大イベントではありますが、子どもにとってはたいした出来事ではないかもしれません。しかもこれらの出来事は、どちらかといえばハッピーな出来事です。これに対して、トラウマ体験、つまり、自分の生命を左右するような深刻な事故や事件、性的な虐待などの記憶については、たとえそれが一歳のときのことでも想起できるのではないかと考える人がいるかもしれません。実際にそのように主張する人もいます。

この問題を検討したのは、子どものトラウマを専門とする研究者のレノア・テアです。彼女は、二三〜三八カ月の月齢のときにトラウマ体験をした子どもたちに面接し、その体験を聞き出そうとしました。彼らの中には、乳児のときに性的な虐待を受けた（証拠写真がある）ケースや、二三カ月のときに船の事故で炎上するエンジンに突っ込んだ少女などがいました。しかし、ほとんどのケースでは、子どもたちはそのときの記憶を思い出すことはできませんでした。また、なにかの記憶を想起した場合でも、その記憶はあいまいなものや直接関係しないものであり、トラウマの再現とはほど遠いものに過ぎませんでした。このようなことから、テアは、二三〜三六カ月以前の記憶は、たとえ強烈なトラウマ体験であっても記憶としては残っていないだろうと結論づけています。

子どもに記憶はないのか？

さて、幼児期記憶は三歳頃までしか遡ることができないというと、「ということは子どもには記憶がないというのか、そんなことはないのではないか」といった反論をされることがあります。確かにどこの国の子どもでも一歳頃までに言葉を覚えて母国語をしゃべることができるようになるわけですが、それも記憶のひとつに間違いありません。また、赤ちゃんでも生後二週間程度で母親を見分けることができるようになることが知られていますが、これも母親の顔や匂いなどを記憶しているからできることでしょう。

じつは記憶の中にはいろいろな種類があります（コラム1も参照）。まず、「日本の首都は東京」とか「水の化学式はH_2Oである」といったような、「知識」と呼ばれる記憶があり、これを「意味記憶」と呼びます。また、自転車の乗り方や料理の仕方などのスキルや手順に関する記憶があります。これらの記憶は「手続き記憶」といわれます。これらの記憶はもちろん、生まれたとき、場合によっては胎児の頃からすでに存在していることがわかっています。

ただし、「子どもの頃の記憶」とか「乳児の頃の記憶」とかいう場合、私たちが想定するのは、意味記憶や手続き記憶とは異なった「エピソード記憶」といわれている種類の記憶です。これは、あえて定義するならば、「いつ、どこで、誰が、なにを」という情報をもつ、特定の体験や出来事についての記憶です。本章で問題にしているのはこの種の記憶のことなのです。

幼児期健忘という現象

さて、いままで述べてきたように、さまざまな研究者がさまざまな方法で行った研究によって、私たちのエピソード記憶は、三歳の頃までしか遡ることができず、まれに特殊な出来事や断片的な記憶としてそれ以前のものが想起されることがあるものの、それでもせいぜい二歳程度の頃までであり、二歳以前の出来事はほぼ想起できないことが判明しています。

この結果は多くの研究で一致しています。興味深いことに四〇歳の人もこの年代のことは思い出せませんし、三〇代、二〇代の人も思い出せません。そして、五歳の人もこの年代を思い出すことはできません。つまり、その記憶が何年前かということが重要なのではなく、どの年代の人もこの時期の記憶がないということです。これを「幼児期健忘」といいます。これはじつは、ちょっと奇妙な現象です。自分が何歳であっても、生まれてから〇《ゼロ》〜三歳頃までの記憶が欠落しているのです。

幼児期健忘についてのフロイトの説

ではなぜ、幼児期健忘が生じるのでしょうか。この問題については、じつはこれらの時代の出来事は記憶されている場合もあるのだが、単に想起ができない状態にあるだけだという考えがあります。たとえば、精神分析学をつくり出したフロイトはこのような方向性の議論を行っています。彼は、基本的に私たちには幼児期に体験した記憶は残っているものの、その中には想起したくないもの、想起することによって私たちの自我に脅威を与えるものがある（彼はこの時代に起きた性的な出来事の記憶を想定していました）ために、それらの記憶の想起がブロックされているのではないかと考えます。

彼はまた、私たちにはこの時代の思い出したくない記憶が意識の中に入ってくるのを防ぐために、別の記憶を思い出させて思い出したくない記憶の想起を妨害する心理的なメカニズムがあると考えました。これを「遮蔽《しゃへい》記憶」と呼んでいます。私たちが非常に昔の記憶を思い浮かべるとき、それはほとんどなにも意味をもっていない風景の断片だったりすることが多いと思います。なぜこのような意味のない記憶が想起されるのかといえば、それは肝心な記憶を覆い隠すためのダミーであると考えるのです。

この説は非常に興味深いものではあるのですが、現在、この説を信じている人はほとんどいません。過去の不快な記憶の想起が心理的なメカニズムによってブロックされてしまう現象――これはしばしば「抑圧」といわれます――については、ある限られた状況下においては存在する可能性はあるものの、フロイトが考えていたような一般的な現象ではないことがわかっています。

なぜ幼児期健忘が生じるのか？

フロイトの考えに対して、現在、多くの研究者が支持しているのは、次のような考えです。私たちがエピソード記憶のような体験の記憶を蓄積していくには、私たち自身の認知システムが十分に発達している必要がある、しかし一～二歳ではそのようなシステムがまだ十分に発達していない。

たとえば、ファイバッシュらのグループは、そもそも記憶が残っていくためには、その出来事がいつ、どこで、どのように起こったのか、という形でまとめなおすことができなければならないと考えています。「いつ、どこで、どのように」というのは、まさにエピソード記憶にしかない特徴です。そしてこの能力は、おもに家族などとの会話の中で形成されていくといいます。他者と体験を分かち合うことが、エピソード記憶が形成されるための前提条件になると考えたのです。彼女はひとりの女の子の発話を詳細に観察し、このようなことができるようになっていくのは三歳頃からで、安定してくるのは四～五歳になってからだということを明らかにしました。これは、幼児期健忘が消失する時期とほぼ一致しています。

その言葉が使えないとその言葉に関する記憶はない

ファイバッシュの考えは、エピソード記憶の発達と言語の発達を結びつけるものです。そこからは、あるエピソードを記憶するためには、そもそものエピソードを表す言語を習得していなければならないという予測が導き出されます。つまり「庭」という単語が習得されていないうちは庭についての記憶が、「誕生日」という単語が習得できていないうちは誕生日についての記憶が形成されない可能性があるわけです。しかし、ほんとうにこんなことがいえるのでしょうか。

これを確認したのが、モリソンとコンウェイの研究です。彼らは実験参加者にさまざまな単語を呈示して、その単語に関係するもっとも古い記憶を想起させました。使用した単語には、ゴリラ、カボチャなどのものの名前や、誕生日、休日などのイベント、庭やキッチンなどの場所、困惑や怒りなどのネガティブな感情、幸せ、成功などのポジティブな感情が含まれていました。そして次に、その記憶がいつ起きたものなのかを評定させました。もし、ファイバッシュの仮説から導かれるように、言語の習得とエピソード記憶の形成に関連があるとするならば、呈示した単語が習得される前にはその単語に関連した出来事は想起できないことが予想されます。そこで、あらかじめ調査してあったそれぞれの単語が平均的にどのくらいの年齢で習得されるかのデータと、推定されたそれぞれの記憶の生起年齢の相関を取ったところ、これらの間には、相関係数 $r=0.8$ 以上の非常に高い相関があることがわかりました。この傾向は、平均年齢二〇・三歳の若者でも、そして驚くべきことに平均年齢七一・六歳の高齢者でも、同様に見られたのです。

ここまで述べてきたことをまとめると、そもそも三歳以前の、幼児期健忘といわれている時期の記憶を思い出せないのは、「思い出せない」わけではなく、エピソード記憶という形で保存されていないからではないかということになります。

三　出生の瞬間の知覚能力

知覚体験はすべて保存されている？

このような考え方に対して、次のような反論があるかもしれません。私たちの体験したことは、そもそもがすべて脳内のしかるべき場所に保存されている。確かに幼児期健忘という現象はあるかもしれないが、それは単にその場所にアクセスできないというだけの話であり、催眠などの特殊な方法を使用すれば、そこへの道が開けるのではないか。

先にも述べたように、確かに以前はこのように、私たちの知覚したことがすべてどこかに「録画されて」保存されていると考える人もいました。しかし仮に百歩譲って、このような現象があるとしても、じつはチェンバレンの報告しているような証言は得られないと考えられるのです。それは、出生直後の乳児の知覚に原因があります。

チェンバレンの報告では、生まれたばかりの乳児が、周りの光景を見回して、壁や窓、そして自分のしわくちゃな足を知覚していることになっています。また、小さな白い帽子をつけた大柄で胸の大きな看護婦が白い糊のきいた制服を着ているとか、父親が若くて、背が高くて、ハンサムで、白いシャツを着て、髪の毛があるなどと、ずいぶん細かなことまでしっかり「見えている」ようです。しかし、本当に乳児はこのような様子を「見る」ことができるのでしょうか。もし、見えるものが形をなしていなければ、いくらそのときの知覚体験がそのまま保存されているとしても、このような詳細な報告はできないはずです。

赤ちゃんの知覚世界を調べる方法

この問題を検討するのは、なかなか難しいように思われます。赤ちゃんに何が見えているのかなどということは、まさに赤ちゃんになってみないとわからないと思われるからです。しかしじつは、この問題を明らかにするための巧妙な方法が開発されています。

いま、赤ちゃんに何らかの視覚的な刺激を見せたとします。赤ちゃんはしばらくこの刺激を見ていますが、しばらくしてくると飽きてきて目をそらしたり別のことをしだしたりします。もし刺激がずっと同じならこうなのですが、突然目の前の刺激を別のものに変えたとします。赤ちゃんは「新しいものに注目する」という性質があるので、目の前の刺激が変わると、ふたたび興味津々となってその刺激をじっと見つめます。ということは、もし、刺激を切り替えることによって赤ちゃんが、ふたたび刺激に対する興味を取り戻したら、赤ちゃんはそのふたつの刺激をきちんと区別できているということを意味するはずです。もし、赤ちゃんが飽きたままであるならば、それらの刺激を区別できていないということです。このような方法を使って、赤ちゃんの視力や赤ちゃんがどんなものを見分けることができるのかを調べられるのです（実験では、刺激を見ている赤ちゃんの様子をビデオに撮って分析します）。

出生直後の赤ちゃんに何が見えているのか

さて、このような研究でわかってきたことは、まず、生後一週間の赤ちゃんは、大人が見分けることのできる縞《しま》の、およそ三〇倍の幅のものしか見分けることができないということです。私たちが見ると縞々模様でも、赤ちゃんにとっては一面の灰色に見えてしまうのです。これは視力にして、〇・一にも達さない程度です。ちなみに赤ちゃんの視力は生後六カ月くらいまで、〇・一を超えません。成人と同じ視力になってくるのは、四〜六歳くらいです。

また、赤ちゃんの視力を制限しているさらに重要な要因として、コントラストに対する感覚があります。これは濃さの違ったふたつのものを見分ける能力です。具体的にいえば灰色のものと白色のものを並べて見たときに、それらを違ったものと知覚できるか、それとも同じものと知覚してしまうかということです。これに関しても赤ちゃんの能力はあまり高くないということがわかっています。新生児についての研究結果だと、この能力も成人の一〇分の一以下でした。コントラスト感度については、成人と同じ能力になるまでにはおよそ一年間かかります。さらに、新生児の目の焦点はだいたい二〇～三〇センチメートルのところに合っていて、それより離れてしまうとあとは完全にぼやけてしまうということもわかりました。確かに、赤ちゃんに気づいてもらうためには、自分の顔を赤ちゃんに近づけなければならないというのは多くの人が体験するところです。

赤ちゃんの知覚能力が低い原因は、眼球の構造自体ではなく、網膜の細胞、とくに中心窩《か》の錐体細胞が未発達であることや、視覚的なイメージを処理する脳の部位が未発達だということに起因しています。そのため、もし赤ちゃんが知覚しているイメージがそのまま脳内に「録画」されるように記憶されていて、仮にそれを催眠によって引き出すことが可能だとしても、それはぼやけてはっきりしない色彩の混沌《こんとん》であり、チェンバレンの描写しているような、人の顔や看護婦の制服、窓などがはっきりと見える形にはならないのです。

四　催眠で過去の記憶を思い出させることはできるのか

催眠とは何か

最後に、チェンバレンが幼児期健忘の時期の記憶を思い出させるために使用した、催眠という心理的な技法について検討してみましょう。催眠というとみなさんの多くは、マジックショーなどで催眠術師が人々にあやしい感じの暗示をかけ、催眠にかかった人々が催眠術師の思いどおりの行動をしてしまうなどといったイメージがあるかもしれません（これを「ステージ催眠」といいます）。また、『催眠恋愛術』や『ビジネスで使える催眠誘導』などの本も発売されていることから、人を思いどおりにあやつる技術のような認識もあるかもしれません。しかしこれらは、催眠という技術の一部を誇張したイメージに過ぎません。

では、催眠とはなんなのでしょうか。それは、実験参加者に一連の教示を与えることによって実験参加者を暗示にかかりやすい状態に誘導することをさします。このような状況下で実験参加者にさまざまな暗示を与え、感情や思考、行動を変容させていこうというのです。確かに悪用しようとすればできないこともないのですが、実際には「テスト前に不安になってしまって実力を発揮できない」という学生に「テスト前でもリラックスできる」といった暗示を与えて、不安を低減したり、人前でうまく話せない人に「人前でもあがらないで話せる」といった暗示を与えて対人恐怖を低減させたりするといった用途に使用される、心理療法のひとつです。もちろん、医療の現場でも使用されています。

催眠を使用して過去の記憶を想起させる方法とは

催眠は、私たちに非常に大きな影響を与える技術です。催眠を使って、古くからさまざまな試みが行われてきましたが、その中で、暗示をかけた状態で、タイムマシーンのようにその人の心を昔に「巻き戻していく」技法が試されました。「退行催眠」という方法です。すると非常に興味深い現象が観察されました。催眠によって、本人を昔の状態に戻していくと、大人が子どものように振る舞い出したりするのです。また、その年齢のときに体験した出来事をいかにも目の前に見ているように報告する例もありました。これはもしかしたら、過去の記憶を引き出すための非常に有効な方法なのではないか、多くの医師や研究者はこの技法に非常に大きな可能性を感じました。

また、さきほど検討したように、以前は、「私たちは見たり聞いたりしたことのすべてを記憶している」いう考え方が広く信じられていたことや、精神分析の研究者、フロイトやその師匠のひとりであるブロイラーが、抑圧されている過去の記憶を想起させるための方法として催眠を使っていたことなども、催眠によって記憶を巻き戻すことができるのではないかという期待を高めました。

ほんとうに催眠によって過去の私になっているのか

退行催眠をした状態は非常に印象的です。大人が乳児のように振る舞ったり、幼児言葉をしゃべったり、文字を書かせると子どものような文字を書いたりするからです。また、幼稚園児ほどに戻してしまうと、簡単な計算もできなくなってしまうなどの現象も観察されました。そのため、医師や研究者たちが催眠によって、記憶を「巻き戻せる」と考えたのは、無理もないと思われます。このような説を「切除説」といいます。その人が退行させられたその年齢のあとで生じた学習を、催眠によって機能的に切除させられてしまうという説です。

しかしながら、この説が正しいとは考えられないのです。そもそも私たちの心の状態も、記憶の状態も、古いものの上に新しいものが単純に積み上がっていくような形で発達していくわけではありません。また、時間ごとに構造化されているわけでもありません。もし、日記帳のように私たちの記憶が時系列的に追加されて蓄積していく形で構造化されているのだとすれば、ページを戻していけば過去の記憶に戻ることができるかもしれません。しかし実際には、人間の記憶は、場所や人物や各種の概念などさまざまな特徴ごとに複雑に絡み合った構造をしているのです。このような絡み合ったネットワーク構造をしている記憶を、日記帳のようにめくることはできないのです。そのために記憶や能力の新しいものだけを取り除いたり、アクセスできなくすることはできません（ただし脳の外傷などの場合、事故直前の記憶だけが選択的に想起できなくなるという現象は発生することがあります）。

　ではなぜ、退行催眠をかけると人々は子どものようになってしまうのでしょうか。この点に関しては、じつは催眠というものが「人々をきわめて暗示のかかりやすい状態」に誘導するものであるということと関係していると考えられています。つまり、催眠状態にした人に、「あなたは子ども時代に戻りました」というと、彼らは、自分があたかも子どもであるかのように思い込んでしまうのです。ある意味、強制的に子どもを演じている状態になるわけです。

　そのため、退行催眠によって子ども時代に戻した場合、そのときの行動は「その年齢の実際の子どもの行動」であるというよりも、「その年齢の子どもを演じている大人」の行動に近いことが知られています。また、催眠によって子ども時代に戻した人々の行動と、催眠にかかっていない人が子ども時代に戻っているふりをしている行動との間には、大きな違いがないということも知られています。これを「役割演技説」といいます。催眠研究家のオーンは、第二次世界大戦後に大量になされた退行催眠実験をもとにして、総括的な論文を発表しています。その中で彼は次のように述べています。「退行催眠は、その年齢に本人を戻すのではなく、実験参加者にその年齢にふさわしいと考える幻覚上の状況をつくり出させ、その時期の自分のさまざまな記憶を結びつけて、それらしくその年齢を演じるように方向づけるものなのだ」

五　出生時の記憶を思い出させるとなにが起こるのか？

催眠によって出生時の記憶を思い出させる

以上のことから、私たちは幼児期の記憶を覚えている可能性が少ないこと、そもそも出生直後には、周囲の光景や両親の姿を認知することが難しいこと、退行催眠を用いても心理状態がその時代に戻るわけではないことが示されました。それでは、退行催眠によって出生時の記憶を想起するときに、なにが起きているのでしょうか。

催眠セッションが始まると、催眠誘導とそれに引き続いて年齢退行教示が行われます。実験参加者は実際に子どものように振る舞い出しますが、これはさきほども述べたとおり、子どもの心理状態に実際に戻っているわけでなく、彼らが無意識的に子どもの状態を演じているのだと考えてよいでしょう。催眠状態において私たちの行動や認知には表３‐２のような現象が生じることが知られています。

表3-2　催眠状態において生じる行動や認知の特徴

- ●被暗示性が高まる。
- ●施術者の誘導するとおりの行動をする。
- ●施術者の期待に応えようとする。
- ●思考の主導権が施術者に奪われるために催眠暗示に抵抗しにくくなってしまう。
- ●事後情報効果が発生しやすくなる。
- ●イメージ生産性が高まる。
- ●イメージしたものと現実に体験したものの区別がつきにくくなる。
- ●自分が語っている内容に想像や誤りが含まれていることに自分自身気づかない。

被暗示性が高まっているという状態は、いわば自分の意識のハンドルを施術者に握られてしまっているという状態に近いかもしれません。実験参加者は施術者の指示に従い、また、施術者の期待にできるだけ応えるように行動するようになってしまいます。そのために、施術者がなんらかの記憶を思い出すように指示すると、そのような記憶を無理やりにでも形成してしまおうとします。たとえば、「目の前に若い頃のお母さんがいますね」といわれると、まさにそのようなイメージをつくり出し、目の前にお母さんのイメージをつくり上げてしまいます。このときに使用されることが多いのは、テレビジョンテクニックといわれる方法です。これは、テレビを見ているような状態に誘導し、その画面にさまざまな視覚的なイメージを映し出させるという方法です。実験参加者は思い出すようにいわれたさまざまなイメージをつくり出し、どんどんテレビに映し出していってしまいます。

この過程でかなり重要になってくるのは、施術者側の反応です。実験参加者がなにか発言したとして、それが施術者の気に入らないとすれば、渋い顔をするかもしれませんし、話題を変えるかもしれません。また、施術者の思っているとおりのイメージを思い浮かべれば、喜んだ反応をして、されにそれについて多くの質問をしてくるかもしれません。催眠状況下では、施術者の期待に添うように行動することに実験参加者は強く動機づけられるので、施術者の反応を見ながら、施術者が喜ぶような方向にイメージを形成していってしまう可能性があります。その結果、施術者の思っているとおりの記憶を、まさに「思い出す」ようになってしまうのです。それゆえ、出生時の記憶を催眠によって思い出させることができると考えている施術者の実験参加者は結局、出生時の記憶を思い出すようになってしまうのです。

このようにいうと、施術者がある意味、悪意をもって子どもの頃の記憶をつくり出しているようなニュアンスに感じられるかもしれませんが、じつは多くの場合、施術者自体が悪意をもってこのようなことを行っていることはそれほど多くないのです（ただし、悪意をもって偽の記憶を想起させるということも技量があれば可能だとは思われます）。実際には、施術者自身はきわめて真摯な態度で、催眠によって過去の記憶を引き出そうとしている可能性があります。ただし、施術者自身が、「出生時の記憶を催眠で思い出させることができる」ということを固く信じてしまっているため、実験参加者にそのような期待が影響してしまうわけです。

出生時記憶や第4章で述べる前世の記憶、あるいはあの世の記憶、第5章で述べるエイリアンに誘拐された記憶などを信じている「専門家」の中には、異なった相手に催眠をかけてみても、みな同じような報告をすることを、これらの現象の実在性の根拠として挙げる人が少なくありません。しかし、これはもしかしたら、催眠にかけられた側の記憶自体に共通性があるのではなく、施術者側の先入観が同じなので、同じ記憶を語り出すように誘導されてしまっている可能性があるのです。

そもそも出生時記憶を信じている必要性

さて、ここで述べておく必要があるのは、出生時の記憶を想起する人はその前提として、人間は出生時の記憶を保持していること（少なくともその可能性があること）や、退行催眠によって年齢を逆行できると信じていることが必須だという点です。第1章で述べた差異検出原理や、第2章で述べたフォールスメモリー形成の研究でも、実際に生じたわけがないと思っている記憶や、そんな記憶覚えているわけがないと思っている人にフォールスメモリーを形成するのは非常に困難でした。

実際、出生時記憶を想起する人は、はじめから出生時の記憶があることを固く信じており、催眠によってそれを思い出すことができると考えている人が多いことがわかっています。じつは彼らの多くは「出生時記憶を思い出させてもらうために」催眠にかけてもらいにきた人なのです。催眠にかけるほうも、かけられるほうも出生時記憶などまったく信じていないのに、出生時の記憶が偶発的に想起されてしまうというケースはほとんど存在しないといってよいでしょう。

スパノスによる出生時記憶の想起実験

さて、催眠誘導による出生時記憶が、実際には催眠によってつくられたフォールスメモリーである可能性についてお話ししてきたわけですが、本当にこのようなことが生じているのでしょうか。それを明らかにするためには、実際に催眠誘導によって、出生時の記憶を意図的につくることができるのかを確認することが必要でしょう。

これを研究したのがスパノスらのグループです。彼らは、大学生の実験参加者を募って、出生直後の記憶を想起させる実験を行いました。

実験参加者が実験室にくると、はじめに何種類かのテストが行われます。そしてその後、コンピューターによって集計されたテスト結果が彼らに呈示されます。そこには、「あなたは非常に高い認知的モニター能力をもっています。あなたは、洞察力と直感的な認知スタイルをそなえています」と記載されています。そして実験者は、「この認知スタイルをもっているなら、出生直後のさまざまな状況を知覚し、記憶していることに違いありません」と参加者にいいます。さらに、「あなたはおそらく、出生直後に病院のベッドに横になっているときに、ベッドの脇につるされていた色のついたモビールを思い出すことができるでしょう」と伝えられます。じつは、このテスト結果はすべての参加者に同じものが呈示されます。つまり、コンピューターによる集計というのはウソなのです。彼らに、自分なら出生時の記憶を想起できるかもしれないと思わせるための誘導になっているのです。

そのあとで実験参加者は、個別に面接を受けます。まず、実験の目的は、生まれた直後のモビールを思い出すことだということと、このような記憶を想起する場合には退行催眠がもっとも有効な方法であることを伝えられます。そして女性の催眠誘導者によって催眠セッションが開始されます。催眠は標準的な年齢退行教示に従って行われます。一五歳、一〇歳、五歳と順に年齢を退行させていき、最終的に出生直後の病室の記憶まで誘導します。そして、その年代まで退行したら、周りを見回してできるだけ多くのことを語ってもらいます。

この実験の結果、驚くべきことに三九人中三一人が、出生直後の記憶を想起しました。また、誘導したモビールの記憶については、三九人中一八人が思い出しました。とくに催眠感受性テスト（催眠にかかりやすいかどうかを測定する心理テスト）の成績が高い人々は、より鮮明で、迫真に満ちた記憶を思い出し、いまの自分でなく、まさにそのとき（赤ちゃん）の心理状態になっていたと答えることがわかりました。この年代の記憶はもちろん、幼児期健忘の時期のものですし、モビール云々の話はフィクションですので、これらの記憶は催眠によって形成されたフォールスメモリーであると考えられます。

チェンバレンによる「妥当性の確認」の問題点

さて、最後にチェンバレンの著書をもう少し検証しておきましょう。じつは、チェンバレンは科学者らしく、催眠によって想起した出生時の記憶が実際の記憶であるかどうかをチェックする研究を行っています。この研究では、一〇組の母親と子どもをともに呼び出して、それぞれに催眠をかけて、出生時の状況を再現してもらいました。チェンバレンはこの研究にあたって、親子の間で過去に出産を話題にしていないことを確認し、催眠面接においては誘導的にならないように留意して、できるだけ自由に話をさせるようにしています。話の内容は録音して原稿に起こして、それをもとに母子の体験を比較しています。このような研究方法は理にかなったものです。研究の結果、母子の会話の一致率は表3－3のようになりました。

このデータだけ見ると、母子の一致率は非常に高く、退行催眠によって想起された記憶は正しいもののように思われます。しかし、チェンバレンの著書をよく読んでみると、実際にはこの一致率の数字は、相当恣意《しい》的なもののように思われます。たとえ

表3-3　チェンバレンの退行催眠面接における母子の再生の一致率

母子ペア	1	2	3	4	5	6	7	8	9	10
一致数	12	12	9	9	16	19	8	13	24	15
不一致数	1	1	0	1	0	0	1	4	0	1
一致率（%）	92	92	100	89	100	100	88	69	100	93

ば、チェンバレンは出生の瞬間の次のような記述を「一致」の例としていますが、これはおそらく誰にでも起こることで、たとえ空想で話しても一致する可能性が大きいと思われます。

子ども：母が私の名前を呼んで「いい子ね」というのが聞こえた。

母親：「ミシェル、ミシェル、いい子ね、かわいい子ね」といって抱きしめてキスをした。

また、次の例も一致の例として挙げられていますが、これも子どもが出生時の生の記憶を語っているとはとうてい思えません。出生するときに腕時計でもしていなければ、このような発言はできないはずです。

子ども：母が寝室で休んでいるときに陣痛がはじまった。収縮は一時一〇分にはじまった。母は父と医者に電話した。医者はもう少し休んで様子を見るようにいった。

母親：一一時三〇分まで家で寝ていた。一時頃陣痛がはじまったのがわかったので、夫に早く帰ってくれるように電話しました。お医者様に電話すると、様子を見るようにいわれたのでした。

これらのことから、このデータは、誰でも空想するようなことがたまたまそのとおりだったということと、実際には母子間で出生時のことが話題になったことがあって（この話を話題にしない家族が果たしてあるでしょうか?）、そのときに母親が話した出生時のエピソードが催眠面接の中で語られたに過ぎないと思われます。

催眠による出生時記憶の想起は、もしそれが本当ならば非常に興味深い現象だと思われるのですが、残念ながら現在の研究からは、それは一種のフォールスメモリー現象だと考えるほうがよさそうです。

◆この章のまとめ

・幼児期健忘という現象があり、三歳児よりも幼い時期の記憶は想起できないということが知られている。

・これは思い出せないというのでなく、もともとエピソード記憶という形で保存されないことが原因である。

・仮に出生時の記憶を想起できたとしても、この時期の乳児の視覚能力は成人に比べて低く、成人の見ている世界と同じように見ることはできない。
・催眠によって年齢退行させることができるが、これは実際に子どもの頃の記憶を想起しているわけではなく、そのように振る舞うようになっただけである。
・催眠誘導状態での記憶想起の試みは、フォールスメモリーをつくり出す危険性が大きい。
・出生時の記憶の想起は、フォールスメモリー現象の可能性が大きい。

コラム３　検索できない記憶の想起にチャレンジする

出生の瞬間や一歳のときの出来事など、検索することができない「思い出」をなんとかして想起させようという試みは、じつは古くから行われていました。ただし、そのためにどうすればよいのかはなかなか難しい問題です。昔から、そしていまでももっとも手軽で有効だと思われているのは、催眠です。実際に催眠を行うと実験参加者は、それらしい記憶について話し出すことが多いので、それが有効であると考えるのは無理もありません。しかし本文にも述べたとおり、この方法はフォールスメモリーが入り込む可能性がきわめて高く、現在では催眠誘導で想起された子どもの頃の記憶や出生の瞬間、胎児期の記憶などが本物であると考える研究者はほとんどいません。

ほかに薬物を使用する方法や、感覚遮断を使用する方法などが試みられたこともあります。一九八〇年頃にニューサイエンスというひとつのムーブメントが起こり、ここではドラッグによる精神変容作用などが大きく注目されました。精神科医のスタニスラフ・グロフは、ドラッグによって幻覚状態に入り、その力で記憶を退行させれば幼児期健忘の壁を越えることができるのではないかという可能性について真剣に議論しました。また、神経科学者のジョン・C・リリーは、感覚遮断を用いる方法を試しました。感覚遮断とは、目や耳をふさぎ、ベッドに寝かせたままにして体の感覚を極端に少ない状態にするものですが、非常に容易に幻覚状態を引き起こすことがわかっていました。人間は感覚が欠乏すると自分で知覚をつくり出すメカニズムがあるからです。

『アルタード・ステーツ』は、まさにこの状態をつくり出すことによって、記憶の根源まで突き止めようという若き精神医学研究者の試みを描いた映画です。主人公のエディ・ジェサップ（ウィリアム・ハートが演じました）は、この方法を突き詰めて行うことによって、幼児期の記憶を想起するだけでなく、それ以前、そしてさらに昔、私たちが類人猿だった時代の記憶まで想起し、体験することができることを発見します。なんと私たちの細胞の中にはそのような記憶も刻み込まれていたのです。しかし、このような退行はきわめて危険な側面をもっていました。記憶が類人猿に戻るだけではなかったのです。彼は自分を被験者とした実験中に研究室を抜け出し、動物園の檻の中で発見されます。彼を診察した医師は彼のX線検査の写真を見てこう叫びます。「これは人間の骨格ではない！　ゴリラの骨格だ！」と。つまり、記憶だけでなく身体まで過去に戻ってしまったのです。このような状態の中、彼は究極の退行実験にトライします。猿よりも前、そして動物よりも前、そして、地球、宇宙の誕生に至るまで記憶を遡らせる実験です。この実験で、彼が最終的に到達した境地とは……、そしてそのとき起こったこととは……。

この映画は、このようなニューサイエンス的な背景やこの本で書かれているような記憶の根源についての問題意識がなければ、はっきりいって訳のわからない映画です。面白いかというと正直ちょっと微妙です。しかし、一部のマニアの間ではとても人気のあるカルト映画になっています。

さて、過去の記憶と並んでもうひとつ、知りたい記憶があります、それは死ぬ瞬間の記憶です。もちろん、死んでしまえば私たちはその体験を語ることができませんので、その瞬間の記憶を知るのは永遠に不可能なはずです。これを体験するためのひとつの方法が、優秀な医学生たち（キーファー・サザーランドやジュリア・ロバーツなどが演じました）を主人公にした映画『フラットライナーズ』に描かれています。この映画では、心臓に電気ショックを与え、心停止を引き起こし（つまり心臓死状態をつくり出し）、その後、蘇生させるという方法を使って、死の瞬間に何を感じるのかを体験するという方法が描かれています。最初は数秒間だった心停止の時間も次第に延ばしていきます。蘇生までの時間が長くなればそれだけこの世に「戻ってこられる可能性」は低くなるにもかかわらず、そのチャレンジを続けます。彼らは最後には天国の入り口を見ることができるのでしょうか。

また、少し異なった方法で死を体験するアイディアを示した映画として、『ブレインストーム』があります。この映画では、人間の体験や思考をそのまま記録することができる装置の開発が描かれています。この装置で体験を「録画」し、ほかの人に装着して「再生」すれば、他人の体験をまったく同じように共有することができるわけです。この装置はエンターテインメントをはじめとして、ものすごい応用可能性をもっています。さて、この装置の開発チームのリーダー、ルイーズ・フレッチャー演じるリリアン・レイノルズ博士はある日、研究所での仕事中に致命的な心臓発作にみまわれます。彼女はそのときにすばやくこの装置を装着し、自分の死の瞬間を録画することに成功します。この録画記録は、まさに人が死ぬ瞬間に体験することを記録したかけがえのないものです。そして、この装置の開発者である主人公のマイケル（クリストファー・ウォーケンが演じました）は最後に、この記録の再生に挑みます。彼は、自律神経系の反応を再現したり、痛みなどの感覚を再生する回路を切断して、この記録を再生します。このようにすれば、彼自身死なないまま「死」を体験することができるかもしれないからです。

さて、そこで彼は何を見たのでしょうか……というのがこの作品のアイディアです。

どの映画をとっても人間のあくなき追求心が描かれていて興味深いものになっています。とくに、『ブレインストーム』の技術などは、あと十数年したらもしかしたら、実現できるかもしれないので、ちょっと怖い感じもしますね。

第4章

前世の記憶は本物か？

一　前世の記憶を思い出した人々

前世の記憶を想起させることはできるのか

年齢退行催眠の行き着く先はどこでしょう。出生の瞬間、胎児の記憶、そしてその前となると、おそらく前世の記憶ということになるでしょうか。じつは、催眠で年齢退行教示をしていくと、出生の瞬間を超えて、前世の記憶を思い出して語りはじめる人がいます。では、この記憶は本物なのでしょうか。

この現象を真実だと認めるためには、記憶や人格が、脳を離れて存在することや、それが死亡時に遺体から離れてなんらかの形（これをアストラル体といい、この問題についての議論をアストラル体問題といいます）で移動し、胎児や乳児の体に侵入して居着くなどのメカニズムが説明され、証明されなければなりません。しかし現代の科学では、これらの現象はまったく考えられないものですし、実証もできません（だからといって、絶対にないといいきれないのが現代の科学的方法論の帰結ですし、歯がゆいところです）。

ただ、実際問題として前世の記憶を語りはじめる人がいることは事実です。いったいなぜこのような現象が発生するのでしょうか。まず最初に、催眠による前世記憶の想起をめぐるいくつかの事例を紹介しましょう。

ブライディ・マーフィーの事例

生まれ変わりの事例の中で、世界で一番有名なのは、「ブライディ・マーフィー」の事例でしょう。一九五二年にアマチュア催眠術師のモーリー・バーンスタインが、主婦のバージニア・タイに対して退行催眠セッションを行いました。するとバージニアは、すぐに深いトランス状態に入り、年齢をどんどん遡っていき、最終的には前世の記憶を語り出したのです。彼女は、自分の前世は、一七九八年にアイルランドのコークで生まれ、一八六四年に亡くなったブライディ・マーフィーだったといい出しました。彼女は催眠状態では軽いアイルランドなまりで話し、アイルランドの生活や日常の出来事、風俗、習慣について詳細に生き生きと語ることができました。また自分の人生についても、夫は弁護士で、晩年はクイーンズランド大学で教鞭《きょうべん》をとったこと、本人はプロテスタントだったが、カソリックである夫の両親を喜ばせるためにベルファストの聖テレサ教会でカソリック方式で結婚式を挙げたことなど、いかにも現実にあった出来事のようなエピソードを語ったのです。重要なのは、バージニアは本を読む習慣がなく、百科事典ももっておらず、また図書館に行ったこともなかったということです。彼女のこんなにくわしいアイルランドの知識がどこからやってきたのかを、誰も説明することができませんでした。バーンスタインはこの出来事を *The Search for Bridey Murphy*（ブライディ・マーフィーを探して）という本として出版しました。この本は瞬く間に世界的なベストセラーになり、日本でも『第二の記憶』というタイトルで発売されました。

ブライディ・マーフィー事例のその後

バーンスタインの本は世界的に注目を浴びたので、多くのジャーナリストや研究者がその真偽について検討をはじめました。もしこの話が本物であれば、これは生まれ変わりの重要な証拠となると思われたからです。ところが間もなく、この話はどうもおかしいということがわかってきました。バージニアの証言をアイルランドの記録と照らし合わせてみると、該当する人物が存在しないことがわかったのです。アイルランドでは、一八〇〇年代から誕生や死亡の記録が戸籍として残っており、また、ブライディが生活したというコーク市には、一八二〇年以降のすべての住民の氏名が記録されていましたが、ブライディの名前はありませんでした。ブライディが結婚式を挙げたときの神父、ジョン・ジョセフ・ゴーマンの名前は、教会の記録にはなく、それどころか、彼女が結婚式を挙げた聖テレサ教会なるものはベルファストには存在したことさえありませんでした。また、クイーンズランド大学に勤めていたはずの夫の名前も、クイーンズランド大学の名簿には存在しませんでした。

いまでは、バージニアの語った内容の多くは、バージニアが子どもの頃に近くに住んでいたアイルランド人のアンソニー・コーケル夫人がネタ元ではないかと考えられています。バージニアは、コーケル夫人にあこがれていましたし、その息子に恋していました。そしてコーケル夫人の結婚前の名前はなんとブライディ・マーフィーだったのです。

ジェーン・エバンスとブランチ・ボイニングスの事例

また、リュウマチに苦しむ三〇代の主婦ジェーン・エバンスの事例も有名です。彼女は、催眠感受性が高く、催眠術師が退行催眠をかけるとあっという間に催眠状態に入り、前世の記憶を語りはじめました。彼女の想起の特徴は、自分の前世を何人も想起することができたという点です。たとえば、ユダヤ人の財産家の妻で一一九〇年のキリスト教徒のユダヤ人迫害の犠牲になった「レベッカ」や、一五世紀の裕福な財産家ジャック・クールに仕え、フランス・ブルージュの広大な屋敷に住むエジプト生まれの家政婦「アリソン」、それにローマ時代に生きていたローマ属州総督コンスタンティウス家の家庭教師の妻の「リヴォニア」などです。彼女の語る物語はきわめて詳細で生き生きとしており、また、当時の歴史的な状況も正しく把握していました。エバンス自身はこのような壮大な物語をつくるだけの想像力も、正確な歴史に関する知識もないように思われました。そのため、この事例も生まれ変わりの強力な証拠ではないかと注目を浴びたのです。彼女はしばらくの間、本やテレビのドキュメンタリーでひっきりなしに取り上げられました。ローマ帝国についての研究の権威であるブライアン・ハートリーは彼女の記録を見てこういいました。「一般の人が知らないようなローマ帝国についての史実を彼女は知っています。このような話をするためには莫大な量の資料や論文を読み込まなければなりません！」

ところが、この事例を詳細に調査していく過程で、「種本」が発見されてしまいました。一九四七年に出版されていたルイス・デ・ウォールという作家が書いたコンスタンティウスを主人公にした小説 *The Living Wood*（生きている樹）がそれだったのです。彼女の語っていた内容は、ほとんどこの物語のとおりでした。この物語はフィクションだったので、実在しない人物も多数登場していました。エバンスの前世の記憶の中には、この作者の創作した実在しない人物がそのままの形で登場していました。想像力も「莫大な量の資料や論文」を読み込まないと得られない知識も、彼女ではなくこの小説の作者のものだったのです。

また、自分の前世は、ブランチ・ボイニングスという名前であり、一四世紀に生きていたのだといいはじめた女性のケースもあります。この事例も、彼女の話した内容は詳細をきわめたので、当初は信頼性は高いと思われていました。ところが、英国心霊現象研究協会がこの事例を調べたところ、エミリー・サラ・ホルトという作家が一八九二年に出版した *Countess Maud*（モード伯爵夫人）という小説と彼女の語った内容がほぼ一致していることがわかりました。

このように、前世の記憶を思い出したという事例は、いままでいくつか話題になってきましたが、本格的な調査が行われると結局、その話は眉唾だったということがわかることがほとんどです。とくに英国心霊現象研究協会はこのような活動に熱心で、多くの生まれ変わり事例が信用できないものであることを明らかにしてきました。

真性異言を伴ったアメリカ人の前世記憶の解明

前世の記憶について調べてみると、「真性異言」という現象につきあたります。これは、もともと英語しか話せない人がフランス人の前世記憶を思い出し、「流ちょうに」フランス語を操ったといった事例です。話せないはずの言語を流ちょうに操ることができるという現象は、前世記憶以外ではなかなか説明できないように思われます。

最近では、ベンが報告している次のような例があります。彼が催眠療法を行っていた二六歳のアメリカ人の患者が、自分は、一九一四年八月に、ベルギー上空でドイツ機の機銃掃射にあい、胸を撃たれて戦死したフランス空軍のパイロットであったといい出したのです。彼の証言はリアルで信頼できるように思われました。また、彼は知らないはずのフランス語まで口走ったのです。

ベンは、この証言について詳細に検討することにしました。その結果、誰もが知っているような事実や簡単に調べることができるような事柄については前世の記憶は確かに正しかったのですが、調べるのが少し難しい事柄については、報告された事柄はことごとく事実と異なっていることがわかりました。そして、真性異言についても、応答的なものではなく、繰り返し的な発話であり、発音も不正確であったことが明らかになりました。

ちなみに、真性異言といわれているケースでは、話されている言語を理解できる人が真性異言を本物だと確認したケースは、実際にはほとんどないのが現実です。そのため、片言の会話や単語が話されたに過ぎなかったり、めちゃくちゃな言葉が一方的に話されているのを周りが真性異言だと解釈して、それが後世に伝わっていることが多いと思われます。このような一方的に語られる真性異言を「朗唱型異言」(recitative xenoglossy) といいます。一方まれな例ですが、実際に習ったはずのない言語で会話ができると思われるケースを「応答型異言」(responsive xenoglossy) といいます。応答型異言の報告はあまりないのですが、母国語話者や言語学者などによって調査が行われると、現象が否定されることがほとんどです。真性異言現象を生まれ変わりの強力な証拠としている著書もありますが、信頼できる報告は現在のところ存在しないといってもよいでしょう。

無意識の剽窃（クリプトムネジア）

さて、過去に本などで見た出来事が、自分の前世の記憶であるとして思い出されてしまうのはなぜでしょうか。まず考えられるのは、意図的な演出です。つまり思い出す側が、わかっていて周りを欺いている可能性です。ただし実際には、彼ら彼女らがそのようなことをする動機はないケースがむしろふつうです。また、バージニア・タイにしろ、ジェーン・エバンスにしろ、そのような話をでっち上げて有名になろうとするような人物ではないということが知られています。

そこで、催眠の専門家である精神科医のカンプマンは次のような説明をしています。私たちは催眠によって、昔読んだ本の内容や、ラジオの内容を正確に思い出すことがある。この記憶の情報源に関しては自分自身も覚えていないことが多い。そのために彼ら彼女らは、昔読んだ小説の内容を自分が体験したものだと考えてしまったのではないか。

カンプマンとヒルベノヤが退行催眠をかけたある少女は、自分の前世（のうちのひとり。彼女は八人の前世を思い出した）は、一三世紀にドロシーという名前でイギリスで生活していたということを想起しました。彼女は、中世の英語の歌である「夏の歌」を中世英語で歌うことができましたが、このケースでは、一三歳のときに彼女が図書館で見たベンジャミン・ブリテンの著作の中に、この歌の歌詞が書かれた本があったことが判明し、おそらくそのページの記憶が完全な形で残っていてそれが催眠によって、引き出されたのではないかと考えられています。おそらく彼女自身も、「このような記憶が思い出せるなら、もしかしたら前世の記憶かもしれない」と思い込んでしまった可能性があるのです。

カンプマンはこのような現象について、「クリプトムネジア（cryptomnesia、無意識の剽窃《ひょうせつ》）」と呼んでいます。カンプマンが考えているのは、幼い頃に見た出来事がそのまま写真のように頭の中に残っていて、それがのちに自分の記憶として思い出されたというイメージですが、これはごく初期に考えられたような「私たちは体験したもののすべてを記憶している」といった、いまでは誤っていることがわかっている知識の影響を受けたものだと思われます。

実際にはこのような現象ではなく、ジェーン・エバンスのように、幼い頃になんらかの形で見聞きして、その後、機会があるたびに思い出したり、自分がなにか空想（イメージ化）をするときに素材として使用したものがそのまま残り、もともとのその情報源が、自分の内側（心の中）にあるのか、外部（本で読んだり人から聞いたりした）にあるのかがわからなくなっている状態であると考えたほうが理解しやすいと思われます。これは確かに、無意識の剽窃ですが、むしろ、第１章で述べたソースモニタリングエラーと類似の現象であると思われます。

また、これらの事例では、やはり催眠をかけた側の影響に触れないわけにはいきません。多くの記録を見てみると、前世を思い出した人々よりも催眠にかけた側のほうがむしろ、有名になろうとする動機が強かったように思われます。前世記憶の決定的な証拠を発表すれば、名声を得られるのは明らかだからです。このような期待が、前章で述べたようなメカニズムを通じて実験参加者に伝わり、また、誘導的な面接が行われ、結果的に詳細な前世の記憶がつくり出されてしまったという可能性も大きいと思われます。

生まれ変わり研究のヒーロー、イアン・スティーブンソン

さて、ここまで、催眠によって想起された前世の記憶が、実際には本で読んだ記憶の無意識の剽窃や想像によって形成されたフォールスメモリーであるという可能性についてお話ししてきましたが、このような話をすると、反論として必ずあがってくるのは、バージニア大学のイアン・スティーブンソンによる「生まれ変わりの研究」です。超心理学の世界では、スティーブンソンは生まれ変わりを「証明した」ヒーローです。

生まれ変わりや超能力などの「オカルト現象」の論文が一流の学術雑誌に掲載されることはほとんどないのですが、スティーブンソンの論文は超一流といわれている*Journal of Nervous and Mental Disease*（神経・精神疾患ジャーナル）などにも掲載されています。彼の代表的な著作は『前世を記憶する子どもたち』ですが、それ以外にも多くの本を執筆しており、その中の何冊かは日本語にも翻訳されています。

彼は、退行催眠を使用して前世の記憶を想起させることには非常に懐疑的です。「催眠というものが過去の記憶を思い出すすばらしい技術であると考える人が西欧には多いが、このような人々は、催眠についてある程度勉強すれば、それほどの確信はもてなくなるだろう」、「催眠こそ、記憶を蘇らせるための絶対確実な方法であるという思い込みは、催眠を見世物にしたり、商売にしている人によって世間に広まってきたけれども、実際にはそれは事実からはほど遠いのだ」と述べています。そしてそれに続いて、（前章で説明したように）催眠が被誘導性とイメージ化傾向を非常に高めること、催眠にかかっている人は施術者を喜ばせるために実際にはなかったことを語ることが多く、しかも、それらの記憶が誤ったことだと気がついていない場合が多いことなどをくわしく説明しています。そして自らが、催眠によってフォールスメモリーを想起させてしまった具体的な例についての考察を加えています。つまり、彼は訓練を受けた研究者として、催眠やその問題点について正しく理解しているわけです

（この点についての彼の論考は間違いなく大変すばらしいものです）。

そのため、彼は前世の生まれ変わりを確認するための方法論として、催眠は使いません。彼がもっぱら使用するのは、催眠を使っていないにもかかわらず、前世について語り出した子どもたちの事例を調査することです。以下に彼の報告している事例をあげてみましょう。

シャムリニー・プレマの事例

シャムリニー・プレマは、一九六二年一〇月一六日に、スリランカのコロンボの南方六〇キロメートルほどのところにあるゴナゲラという町で生まれました。両親は彼女が幼い頃から、水浴びに対して強い恐怖心があることに気がついていました。両親が彼女に水浴びをさせようとすると、金切り声をあげて大暴れしました。また彼女はバスに対しても恐怖心がありました。やはり両親が彼女をバスに乗せようとすると泣き叫びましたし、遠くからバスが見えただけでも泣き出すほどでした。両親は、彼女は前世でなにか恐ろしい出来事に遭遇したので、このようになっているのではないかと考えました。

シャムリニーは、話せるようになると次第に自分の前世について語りはじめました。彼女は前世では、ゴナゲラから二キロメートルほど離れたガルトワダという村にいたのです。彼女は朝、学校に行く前にパンを買いに家を出たところ、道路が水浸しになっており、その脇を通ったときに通りがかったバスに水をはねかけられ、そのまま水田に落ちて溺死してしまったというのです。

じつは、シャムリニーの両親には、ガルトワダに縁戚関係の家族がいて、その娘のヘマセリー・グネラトネは、一一歳のときにシャムリニーが語ったような状況で溺死していたのです。シャムリニーの両親はヘマセリーのことは知っていたものの、シャムリニーが前世の話をしても、その話をはじめヘマセリーと結びつけることはできなかったといいます。しかし、シャムリニーが三歳になったときに、ゴナゲラの街角で偶然出会ったヘマセリーの姉を見分けることができたことや、シャムリニー自身が「ガルトワダのお母さんに会いたい、ガルトワダのお母さんに比べていまのお母さんのほうが落ちる」などといい出したために、シャムリニーの父親がガルトワダのグネラトネ家に彼女を連れて行きました。

そこで彼女が語った内容の多くが、ヘマセリーの生涯に起こった出来事と符合していることがわかりました。また、食べ物の好みや服装の好みなども一致していることがわかりました。その後、彼女は次第に前世について話さなくなり、また、水やバスに対する恐怖も消失していきました。一一歳になった頃にはすっかりふつうのシンハラ族の少女になっていました。

スティーブンソンの研究はフォールスメモリーで説明できるのか？

彼の研究の重要な点は、催眠を用いていないという点もそうですが、むしろ、前世を報告するのが大人でなく、子どもだという点です。もし大人であれば、自分を売り出すため、名声を得るため、あるいは自分の宗教的な信念を実現するために、偽りの前世の記憶を語りはじめる可能性はあるかもしれません。しかし、無垢《むく》な子どもが、まったく脈絡なくこのような話をしはじめるというのは、一見信じがたいことです。

しかしながら、現在では多くの研究者が、彼の事例は、「生まれ変わり」以外のメカニズムで生じた可能性が非常に大きいと考えています。生まれ変わりの報告をした子どもたちが、まさにそのような報告をしてしまいがちな状況にいたことが明らかだからです。

たとえば、彼らの多くはそもそも生まれ変わりを信じる家族がそばにいることが多かったのです。とくに多くの家族には、生まれ変わりを強く信じてそれを広める役割をしたキーパーソンが存在したことがわかっています。子どもたちは、もしかしたら、キーパーソンからほめられたくて、生まれ変わり的な話をしだしたかもしれません。また、彼らが偶発的にした生まれ変わりについての話をたまたま聞きつけたキーパーソンが喜び、それについてさらに子どもたちに尋ねたかもしれません。

これらの過程はいずれにせよ、一種の強化になっていることに注意しなければなりません。子どもたちは、ちょっとした話が強化されたことから次第に話を膨らませていった可能性があります。どのような話をすればいいかは明らかです。キーパーソンが喜ぶような話をすればよいのです。彼らは、はじめはキーパーソンにとって「間違った」発言も多くしていたかもしれませんが、次第に、キーパーソンが喜ぶような話をするように方向づけされ、最終的にはそのような話を自発的にするようになっていったと考えられます。これはキーパーソンからは、「はじめ、子どもにとって前世の記憶はあいまいにしか想起できなかったが、次第にはっきりと明確に想起できるようになった」ように見えてしまいます。また、子ども自身も次第に自分の話している内容が、自分がイメージしたり誘導されたりしてつくり出されたものなのか、それとも実際に体験したものなのか、ソースモニタリングエラーによってわからなくなってしまったのだと考えられます。第1章で、子どもは容易に大人の誘導に従った証言をしてしまいがちであること、その結果、記憶がつくられたり、ゆがめられたりすることがあるというお話をしました。ここでは、このような現象が生まれ変わりの記憶という文脈で発生しているのだと考えることができます。

さて、このような話は、本人よりもキーパーソン（多くの場合両親）がプロデューサーになって生まれ変わりの事例を宣伝しているという可能性を示していますが、実際にスティーブンソンは、生まれ変わりをした子どもたちよりも、その両親が熱心に事例について話してくれると記述しています。スティーブンソンの調査の過程でも、実際、シャムリニーはグネラトネ家で知人の何人かを見分けることができていません。シャムリニーの父親は、本人はヘマセリーの母親を見分けることができたといっていますが、グネラトネ家の人々はそれを信じていません。

さらにスティーブンソンは、前世の記憶を思い出した子どもたちが、大人になるに従って、次第に前世の記憶を語らなくなり、思い出せなくなっていくという現象を報告しています。とくに子どもたちが学校に入学して家庭の外に友人ができはじめると、このような傾向は顕著になるようです。これについて、インドの哲学者で著名な超心理学者のチャリ教授などは、彼らは前世の記憶が思い出せなくなったのではなく、学校に入り世界が広がってきて、いろいろ楽しいものや興味のあるものが家庭の外にできてくると、「前世記憶想起ゲームをすることに飽きて」しまうからではないかと述べています。

スティーブンソンの研究に対する批判

その後、スティーブンソンの研究についてはいくつかの問題点が指摘されてきました。そのうちのいくつかはかなり重要です。

まず、最大の問題点は、生まれ変わりの事例がインドやスリランカなどの生まれ変わりの信仰の強い地域にだけ存在して、西洋ではまれだということです。これは、生まれ変わりの記憶が生み出されるかどうかが自然科学的な現象ではなく、文化的な現象である可能性を示しています。この問題について、スティーブンソンはその後、西欧における生まれ変わりの事例を報告して反論しています。ただし、彼の報告している西欧の事例も、両親やその周囲の人々が生まれ変わりという現象を強く信じている場合が多いので、明確な反論にはなっていません（ちなみに、日本にも生まれ変わり信仰はあり、程久保《ほどくぼ》村〔現在の日野市程久保〕に住んでいた農民の息子、勝五郎の生まれ変わり記録は、ラフカディオ・ハーンが「勝五郎再生記」として海外に紹介し、世界的に有名な事例となっています）。

次に生まれ変わりの事例がなぜ、下層階級の者に生じやすく、その前世は上流階級の者が多いのかという問題（スティーブンソンによれば、インドでの生まれ変わりの事例のうち、三分の二がこのような事例）があります。前世の生命を終えたアストラル体は、上流階級の受精卵の中にいくらでも進入できるのに、なぜわざわざ苦しい生活を強いられる下層階級を選んで転生するのでしょうか。生まれ変わりが明らかになった少年は、世間で大きく騒がれ、そこでなにがしかの収入を得るのがふつうです。また、転生した子どもの家族は、場合によっては前世の資産家家族に対して遺産を請求したりすることもあります。これも生まれ変わりという現象に、なにか経済的な動機が絡んでいるのではないかと疑わせるひとつの理由になっています。

また、スティーブンソンのもとで一九七〇年から一九七三年まで助手を務めた弁護士のチャンピ・ランサムは、スティーブンソンの研究における科学的な態度に大きな疑念をもち、それをのちに公表しています。それによれば、調査の期間があまりにも短いこと、スティーブンソンが調査を開始した時点で、生まれ変わりの子どもの家族と生まれ変わり元の家族が交流してすでに長い時間がたっており、どの事実が前世から受け継がれた記憶でどの事実が単に交流によって得られた情報かを明確に分離することができないこと、そして、インタビューがあまりにも誘導的に行われたことなどを指摘しています。彼は、スティーブンソンの研究方法に失望したことを述べたあとで「生まれ変わりの事例はもっとも弱い種類の逸話的証拠」に過ぎないと結論づけています。

ランサムが指摘したこの事実は、じつはかなり重要です。それは、スティーブンソンの著作を読んだだけでは彼の研究にこのような弱点があることがわからないからです。私たちは実際の調査自体をくわしく知ることはできず、その報告を読むことしかできません。そのため、研究の弱点について意識的に触れなければ、容易に驚異的な報告ができてしまう可能性もあるのです。とくにこの種の研究では、研究者自身がこの点についてより慎重な態度で臨むことが必要といえるでしょう。スティーブンソンの研究は、その点で問題がなかったとはいえないようです。
これらの問題点のため、生まれ変わり界のヒーローであるスティーブンソンの研究も、いまでは必ずしも信頼できるものではないと思われています。

二　前世の記憶を思い出させる

催眠によって前世の記憶を思い出させる実験

前世の記憶についても、個々の事例を検討してみると、無意識の剽窃や催眠、それに誘導的な質問と質問者の期待によってつくられた、フォールスメモリーである可能性が大きいのではないかということがわかってきました。しかしこれらについても、ほんとうにそうなのかを確認するためには、実験的に前世の記憶をつくり出すことができるのかを確認してみることが必要でしょう。この研究にトライしたのが、スパノスらのグループです。

彼らは、カールトン大学の学生一一〇人を対象にして、前世記憶を想起させる実験を行いました。この実験では、実験室にきた学生にまず何種類かの心理テストをやってもらい、その後、催眠セッションに入りました。催眠誘導は、すべての実験参加者について同じ女性の実験者が行いました。

実験参加者は、まず、この研究の目的が前世の記憶の研究であり、このような記憶を想起させるためには、退行催眠が有効であるという説明を受けます。また、このときに、前節でも紹介したスティーブンソンの研究などについても触れます。これらの教示が必要なのは、前章などでも述べたように、そもそも退行催眠によって前世記憶を想起することが可能だという（少なくとも想起できる可能性はあるという）ことを信じていなければ、前世記憶を思い出させることは困難だからです。

その後、あらかじめ録音してある標準的な催眠導入法によって催眠状態に入れ、年齢退行教示を行いました。年齢退行によって出生時より前の前世の別の人生に入ると、実験者は、彼らに自分の名前と、自分がいる場所を報告させました。そして、彼らに自分の外側に出て、自分を見下ろすように教示して、自分がいま着ている服についてできるだけ詳細に報告させました。

この段階で、明確に自分の前世の記憶を想起できなかった場合には実験を終了しました。もしこの段階で自分の前世を報告しはじめたら、その人生の生きた時代や国、場所を特定するためのさまざまな質問などが行われました。たとえば、彼らの使っていた貨幣や、その地域が平和状態にあるのかそれとも戦争をしているのかなどが尋ねられました。

この実験の結果、一一〇人中、三五人が過去の人生を想起しました。このうち、八三%は前世での名前を想起することができました。彼らの名前のほとんどはトムやジョージ、アンなどのありふれた名前でしたが、一人だけジュリアス・シーザーが登場しました。七四%はその時代について少なくとも年まで特定できました。時代は紀元五〇年から一九六二年まで（研究が行われたのは一九九〇年）に分布していましたが、大半は一九世紀から二〇世紀でした（ちなみにジュリアス・シーザーは紀元前四四年に死亡していますが、前世がジュリアス・シーザーだといっている参加者は、自分が生きているのを紀元五〇年といっていました）。前世の人格の年齢は六歳から五〇歳までのでしたが、平均は二〇・四歳で、だいたい実験参加者の現在の年齢と一緒でした。前世がニュージーランド在住だったひとりを除けば、すべての人が北アメリカか西ヨーロッパ（たいていはイギリス）に前世があり、ひとりを除けばすべてがいまと同一の性別でした。

韓国で行われた前世想起実験

また、韓国のドン・パウンとジョー・キムは、二一歳から二三歳の六四人の韓国人の成年を対象に実験を行いました。彼らにはまず、ハーバード催眠感受性テスト（HGSHS）が行われ、催眠感受性が測定されました。続いて、三回に渡って、催眠による年齢退行によって前世まで記憶を巻き戻す試行が行われました。この前世を思い

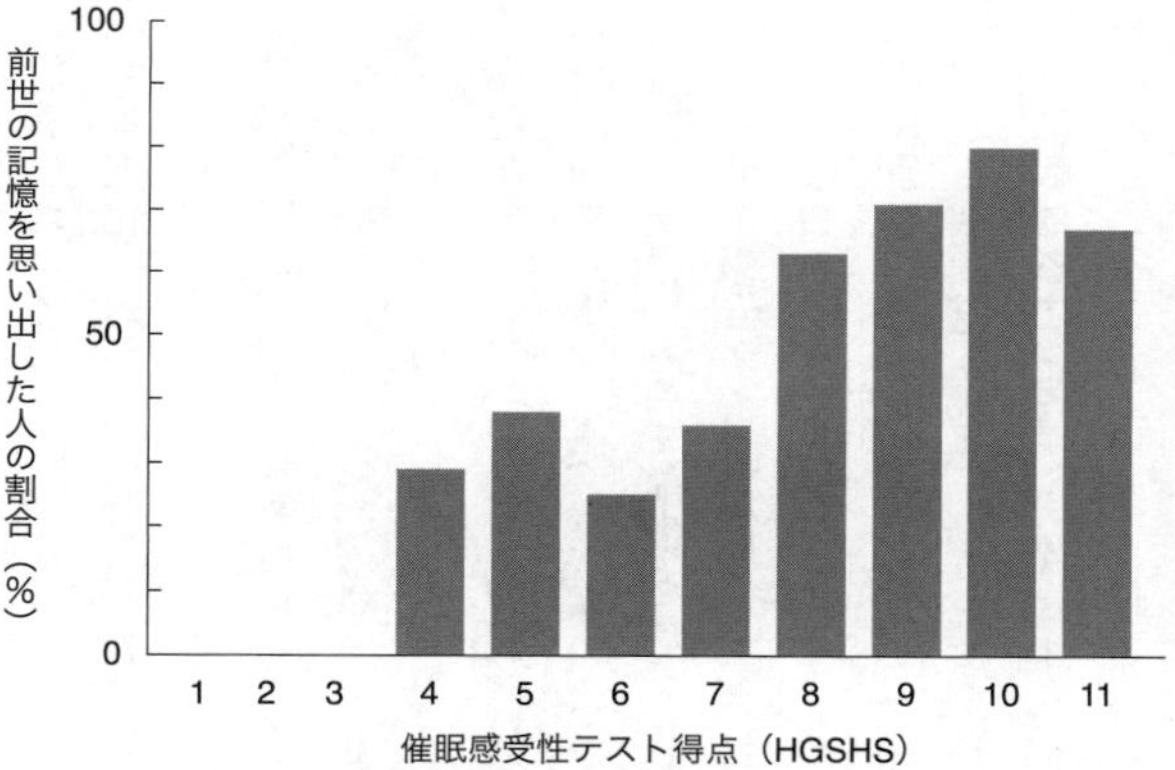

図4-1　催眠によって前世の記憶を想起した人の割合　催眠感受性が高い人ほど前世記憶を思い出す。Pyun & Kim, 2009 を参考に作成。

出させるための催眠の方法は、いままで述べてきたような年齢退行教示によるものでした。

このような試行によって、六四人中二八人が前世の記憶を想起しました。前世を思い出せるかどうかは、催眠感受性と相関していました（図4-1）。つまり、催眠にかかりやすい人ほど前世を思い出すことが多かったのです。なお、この研究で想起された記憶の内容を分析してみると、過去生が動物だった者が四人（虎、狐、鹿、熊）いましたが、これは興味深い現象です。というのはスパノスらの研究においては、過去生が動物だと報告した実験参加者はいなかったからです。西欧文明においては生まれ変わり思想自体がそれほどポピュラーではありませんし、ましてや前世が動物であったというような輪廻転生思想は存在しません。一方で東洋の思想においては、このような発想は存在します。これは、想起される前世の記憶の内容は文化や思想の影響を受けているというひとつの証拠だと考えられます。

前世記憶の内容は事前の教示によって左右されるのか

では、催眠によって誘導されて想起される前世の記憶は、施術者の教示によって影響されてしまうのでしょうか。この問題はじつは重要な問題です。もし、前世記憶が本物だとすれば、このような影響は生じないことが予測されます。そこでスパノスは、前世記憶を誘導する際に、次のような教示を対象者に与えてみることにしました。

「退行催眠によって前世を思い出してもらうと、しばしばいまの自分とは異なった性の前世を報告する人が現れてきます。しかし、これは決して珍しいことではありません。むしろよくあることです。そもそも前世というのは、遺伝的なつながりとはまったく別種の法則に従っているものなのです。そのため、前世が遺伝的な先祖ではなく、ここから遠く離れたまったく異なった地域の人間であるということは、むしろふつうに起こることなのです。また、もちろん、前世がいまとはまったく異なった人種であるということも、よく起こることなのです」

このような教示を与えてみて、もとの性と異なった前世の性別を報告する頻度や異

表4-1　スパノスによる前世想起実験の結果

	人数	前世を思い出した人	性、人種、地域のいずれかが異なった前世を思い出した人
教示あり群	19	15	10
教示なし群	17	15	4

なった人種、異なった場所の前世を報告する頻度が上昇するのであれば、前世の記憶といっても誘導によってつくられたものである可能性が高くなります。この実験の結果を表4-1に示します。このような教示を行うことによって、性、人種、地域のいずれかが現在と異なった前世を思い出す人が増えていることがわかります。

また、スパノスは次の実験で、虐待を受けた前世を思い出させようと試みました。虐待教示あり群の実験参加者には、次のような教示を行いました。

「さまざまな研究によって、私たちの前の世代は、現在の私たちよりも厳しく、心的な外傷を残すほどのしつけをされていたことがわかっています。よりはっきりいえば、その世代の子どもたちは、両親や自分よりも上の年齢の兄弟、ほかの大人たちから、しばしば深刻な虐待を受けていたということです。私たちが興味をもっているのは、あなたの前世の人格がその時代に受けていた虐待についてその詳細を尋ねてみることなのです」

この教示のあとで、催眠によって前世を思い出させ、前世人格がどのような虐待を受けていたかを聞き取り、その度合いを四段階で得点化してみました。虐待がなかった場合を○点《ゼロ》、たたく程度の虐待があれば一点、ものでで殴るなどの虐待があれば二点、骨折するくらいの暴力やレイプなどの性的虐待があれば三点と得点をつけました。実験の結果、虐待教示あり群は平均一・一八点の虐待を受けていたと報告したのに対して、虐待教示なし群はほとんどの人が虐待はなかったと報告し、平均点は○・一八点でした。

これらの実験は、前世記憶を催眠によってつくり出すことが可能であること、そこで想起される記憶は、文化的な影響や催眠誘導時の教示に影響を受けることを示しています。このようなことから、彼らが実際に前世の記憶を想起したというのではなく、前世の記憶のフォールスメモリーをつくり出しているのに過ぎないと結論づけることができます。

三　前世の記憶を思い出すのはどのような人々か

誰が前世の記憶を思い出すのか

ここまでの話で、前世記憶も、じつは催眠や誘導的な質問によってつくられたフォールスメモリーである可能性が出てきました。ここまでの議論から、前世記憶の想起現象について、次のような仮説を立てることができます。

1. そもそも、思い出す記憶が実際に存在する可能性を信じていなければその記憶を思い出すことはない。つまり、出生時記憶や前世記憶を信じているほどそれらの記憶を思い出しやすい。
2. 催眠にかかりやすい人ほど、出生時記憶や前世記憶を思い出しやすい。
3. 頭の中に鮮明なイメージを浮かべやすい人ほど、出生時記憶や前世記憶を思い出しやすい。
4. 生じたイメージを現実のものなのか空想のものなのか区別しにくい人ほど、出生時記憶や前世記憶を思い出しやすい。

では、このような仮説は検証できるのでしょうか。

前世記憶を思い出すことを期待している人ほど前世を思い出す

スパノスたちは、前世の記憶が蘇った人は、前世の記憶を信じていたのかについて検討してみました。その結果、前世を信じている程度についてはじつは、前世記憶を想起した人と想起しなかった人に差はありませんでした。この結果は、ドン・パウンの研究でも得られています。ただし、前世記憶について、「ばからしい」とか「不可能だ」などと考えておらず、「興味深い」などのポジティブな印象をもち、前世の記憶が催眠によって思い出されることを期待して催眠を受けている場合に、前世記憶が想起されやすいということがわかりました。つまり、前世について完全に信じている必要はないが、少なくともそれが存在する可能性はあると思っていて、さらにそれについて、積極的に試してみようとする意欲が前世記憶を生み出しやすくするということを意味しています。

催眠にかかりやすい人ほど前世記憶を思い出す

また、スパノスらは催眠にかかりやすい人ほど前世記憶を思い出すかどうかについて研究を行っています。スパノスはＣＵＲＳＳ（Carleton University Responsiveness to Suggestion Scale：カールトン大学催眠感受性テスト）というテストを使って、前世の記憶を思い出した人と統制群の催眠感受性について比較してみました。このテストは、客観的な行動を指標とした得点、主観的な催眠体験を指標とした得点、そして非自発的な行動を起こさせることができたのかという三つの指標から催眠感受性を測定するテストです。その結果、催眠感受性と前世記憶の想起には密接な関係があることがわかりました（表４－２）。また、韓国のドン・パウンらが示している同様の結果についてはすでに述べている通りです。

表4-2　前世記憶がある人とない人の比較。CURSSについては3つの下位尺度についての平均値。前世記憶へのイメージは得点が高いほどポジティブな印象を示す

	前世記憶がない人	前世記憶を想起した人
催眠感受性テスト CURSS（0〜7）	2.51	3.62
前世を信じている（0〜6）	2.78	3.10
前世記憶の想起を期待（0〜6）	2.25	2.89
前世記憶へのイメージ（0〜36）	26.06	29.38

イメージを思い浮かべやすい人ほど前世記憶を想起しやすいのか

前世記憶がフォールスメモリーだとすると、それを視覚的にイメージ化することが重要な役割を果たすことになります。するとイメージ化傾向が高い人はそれだけ前世記憶を想起しやすくなるはずです。スパノスは、イメージ化傾向を四種類のテストによって測定し、それと前世記憶想起の主観的な強度とどのくらいその体験の想起の中に自分がどっぷりとはまるか（前世の自分になりきってしまうか）の度合いについて検討しました。その結果、これらの間には非常に強い相関関係があることがわかりました。とくに、普段から空想のイメージを鮮明に想起できる人ほど、前世の記憶を想起しやすいことが示されました。

前世の記憶を想起する人は、実験室でもフォールスメモリーを生じさせやすい

前世記憶を想起しやすい人に関する研究の中で興味深いもののひとつとして、このようなタイプの人は実験室の中で行

われる人工的な実験においてもフォールスメモリーを生じさせやすいのだという研究があります。この種の実験では、DRMパラダイム（ディーズが考案し、その後ローディガーとマクダーモットが再発見したフォールスメモリーの実験方法で三人の頭文字を取ってDRMパラダイムといわれます。パラダイムとは、定型的な実験手続きのことです）という実験方法が用いられます。DRMパラダイムでは、まず実験参加者に一連の単語を呈示し、そのあとで単語の再生実験を行います。たとえば、次のような単語を呈示します。

リスト1：ベッド、休息、目覚め、疲れ、夢、起きる、毛布、まどろみ、うたた寝、いびき、昼寝、平穏、眠気、あくび

リスト2：テーブル、座る、足、座席、机、リクライニングチェアー、ソファー、木材、クッション、鏡台、スツール、腰掛ける、ロッキングチェアー、ベンチ

みなさんもこの本を閉じて、いまのリストにどのような項目があったのかを思い出し、できるだけ多く書き出してみてください。

さて、このような課題を行うと、最初のリストでは、［眠る（眠り）］といった単語が、次のリストでは［椅子］という単語が、実際には呈示されていなかったにもかか

わらず、想起されやすくなるということが知られています。みなさんはどうだったでしょうか。呈示される単語のことを「連想語」、誤って想起されやすいこれらの単語のことを「ルアー語」といいます。これは実験室でつくられた小さなフォールスメモリーであるということができます。いま例に挙げたのは、再生テストでしたが、「休息・眠り・まどろみ」などのリストの中から呈示された単語を思い出させてチェックさせるという再認テストでも、同様な実験をすることが可能です。

さて、この方法を使って前世を思い出した人と、思い出していない統制群の間に違いが生じるかを調べたのが、メイヤースベルグらのグループです。彼女らはまず、前世の記憶を思い出した人を集める作業から開始しました。周辺の地域の前世療法家から紹介を受けたり、新聞広告を出したりして最終的には一五人（そのうち女性が一三人）の実験参加者を集めることができました。参加者の平均年齢は四九歳で、平均教育歴は一六年でした。参加者は結構たくさんの前世を思い出していて、平均四・四個、最大の人はじつに二〇個もの前世記憶を思い出していました。統制群には、年齢や教育歴が前世群とほぼ同じになるように一五人（女性は一三人）を割り当てました。統制群は、前世記憶の復活について関心はなく、信じてもいませんでした。

次に前世群と統制群についてＤＲＭパラダイムで実験を行いました。それぞれ、「これから単語のリストを呈示していきます。リストを聞き終わったら、できるだけ

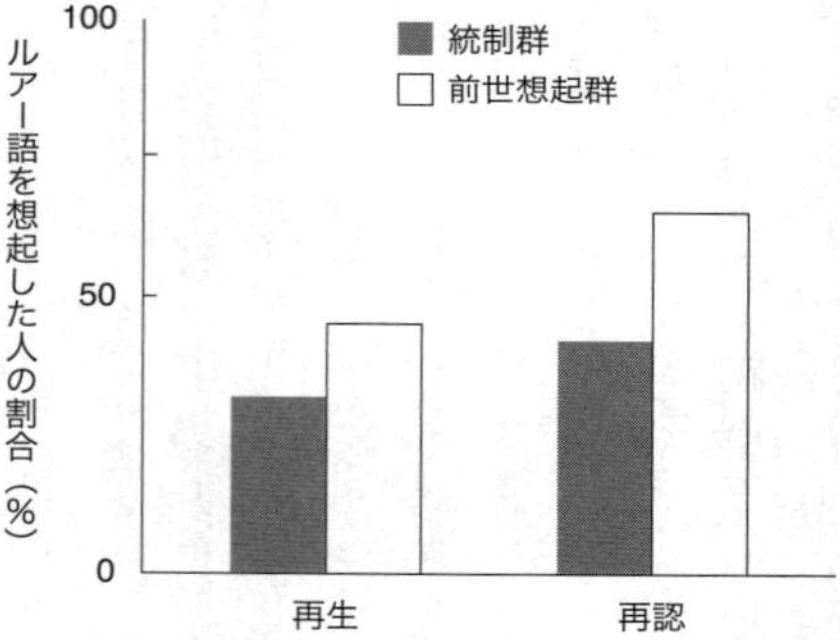

図4-2　前世記憶を想起した人はDRMパラダイムでフォールスメモリーを形成しやすい
Meyersburg, et al., 2009を参考に作成。

多くの単語を再生してください」として再生課題を行い、二〇個のリストについて再生課題が終了したあとで、単語リストを呈示して再認課題も行いました。この実験の結果を図4-2に示します。左のグラフは再生テスト、右のグラフは再認テストの結果です。いずれの条件でも、前世群は、フォールスメモリーが統制群に比べて多く発生していることがわかりました。つまり、前世記憶を生じさせやすい人はもともと、直接体験していない（見ていない）ものを体験した（見た）といいやすい傾向があるのです。

前世の記憶が生じやすい人におけるフォールスフェーム効果

DRMパラダイムと並んでもうひとつ興味深い現象が知られています。それは、「フォールスフェーム効果（虚有名効果）」という現象です。これは、記憶研究者のジャコビーが発見した現象で、次のような実験からなります。まず、有名でない一般人

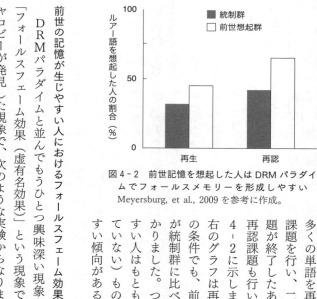

の名前のリストを実験参加者に読ませます。翌日、実験参加者に名前のリストを渡します。そこには、前日呈示した有名でない人の名前と、はじめて呈示する有名でない人の名前、そして有名人（俳優や作家、政治家など）の名前がランダムに入っています。参加者は、この中から有名人の名前を選んでチェックするという課題を行います。すると、前日呈示された有名でない人の名前のうちのいくつかを、誤って「有名人」であると認知してしまうという現象です。この現象は、個人のソースモニタリング能力（情報の出所を正しく把握する能力）の個人差を測定するテストとして有用であることがわかっています。

このテストを前世記憶を想起した人に対して行ったのが、ピータースたちです。彼らはオランダのマーストリヒト地域の前世療法家の協力を得て、一三人（うち、女性一一人）の前世記憶を想起した人々を探し出し、実験に協力してもらいました。彼らの平均年齢は四四・七歳で、前世療法を受けて最低でも五つの前世を思い出していました。統制群は、ローカル新聞に広告を載せて募集した一般の人々で年齢や性別は前世群とほぼ等しくしました。彼らはいずれも前世を信じていませんでしたし、前世療法を受けたこともありませんでした。

実験では最初彼らに四〇人の有名でない人の名前が二秒にひとつずつ呈示され、それを声を出して読むことが要求されます。そしてその二時間後にテストが行われまし

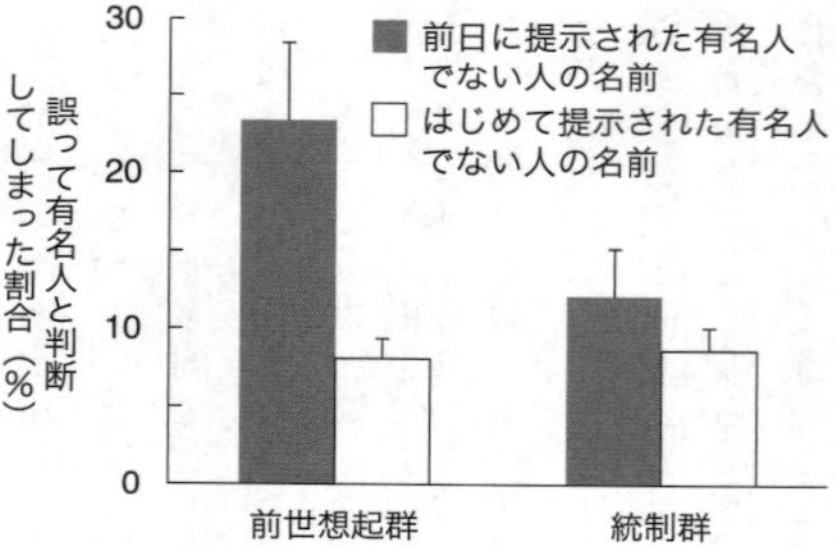

図4－3　前世を想起した人は、フォールスフェーム効果が生じやすい　Peter, et al., 2007 を参考に作成。

た。ここでは、最初に呈示された四〇人に加え、はじめて呈示される有名でない人の名前四〇人分と、有名人八〇人分の合計一六〇人の名前が含まれ、それがランダムに呈示されました。実験参加者はひとつずつ呈示されるこれらの名前を見て、その名前が有名人のものかどうかを素早く判断することが求められました。

この実験の結果を図4－3に示します。この結果から一目瞭然なとおり、前世記憶を思い出す人に顕著にフォールスフェーム効果が生じました。前世記憶を思い出す人は、ソースモニタリングがうまくできない、つまり、催眠や誘導によって生じた記憶と実際の記憶を間違って判断してしまう可能性があるのです。

前世記憶はすべてフォールスメモリーなのか

ここまで述べてきたことから考えて、前世の記憶はフォールスメモリーである可能性が大きいということがわかってきました。しかし、注意しなければならないのは、すべての前世記憶がフォールスメモリーであるということの科学的な証明はできないという点です。そのためにここでも「前世記憶などはインチキだ」と断言することはできません。

一般には前世記憶を信じている人は、患者の口から前世が語られるとそれを批判的に検証しないまま真実だと思ってしまう傾向にあります。一方で、それを否定する研究者は逆に、想起された前世記憶のささいな矛盾点を見つけ出してそのすべてが偽物だと考えてしまう傾向があります。とくに日本の否定派の人々は、この問題についての多くの研究や議論をほとんど読まないまま感情的な批判をしているのも事実です。

現状では、多くの前世記憶証言が歴史上の事実と異なっていたり、前世記憶証言のネタ元である書物や資料が発見されてしまっていること、前世と現代の記憶を結ぶアストラル体問題を解くことができないこと（これはつまり、前世記憶をつくり出す物理的なシステムが想定できないこと）などから、前世記憶が存在するという説を支持するのはなかなか困難な状況になっているのは事実でしょう。しかしこの問題については、将来、確度の高い前世記憶の証拠が見つからないとは限りません。そのような意味でスティーブンソンがチャレンジしたような地道な研究はまだまだ続けていく必要があると思われます。

前世療法はインチキ精神療法なのか

また、もうひとつ述べておかなければならない問題として、前世療法の問題があります。前世療法は、アメリカの精神科医、ブライアン・ワイスによって開発された心理療法で、患者を催眠状態にして前世に誘導し、精神症状を改善させるものです。前世療法などを行うとかなりの確率で、前世が想起され、多くの患者はふたり以上の前世を報告するといわれています。本章でいままで述べてきたことから見ると、この療法の過程で想起される前世記憶は、フォールスメモリーである可能性が高いと思われますが、だからといって、前世療法という方法自体がいいかげんなものであると結論づけるのは必ずしも正しくありません。じつは心理療法の効果ということを考えれば、前世が現実のものかどうかという問題と心理療法に効果があるかという問題は無関係であるというのも確かなのです。たとえば、不安障害などの精神的な不調では、その障害の原因が、自分でも納得する形で呈示されれば、それが実際の原因でなくても一定の治療効果が現れることが少なくありません。そのため、「いまの精神的不調の原因はじつは前世にあるのだ」ということを信じさせることによって、精神的不調を治療するということも十分ありうるのです。

◆この章のまとめ

・人々が催眠によって前世の記憶を話し出し、それが事実と合致したなどの事例はいくつかある。
・しかし、報告された事例の多くは調査の結果、以前に読んだ本などの内容を語っているだけだということがわかっている。
・イアン・スティーブンソンは前世の記憶を語る子どもたちの事例を報告したが、これも周囲の誘導によってフォールスメモリーが形成されてしまっている可能性がある。
・催眠誘導で前世の記憶を想起させることも可能であるが、この記憶も催眠誘導の影響を大きく受けてしまうことがわかっており、フォールスメモリーの可能性が高い。
・実験室においてもフォールスメモリーを形成しやすい人が前世の記憶を想起しやすい。

コラム4　臨死体験は出生時の記憶の再現なのか

クリント・イーストウッド監督、マット・デイモン主演『ヒアアフター』は、臨死体験を描いた映画です。フランスの女性ジャーナリストのマリーは、スリランカで大津波に巻き込まれます、彼女はおぼれて意識を失いますが、たまたま居合わせた二人の青年によって命を救われます。ただ、意識を失っていた数分間、彼女は心停止の状態にあり、外見的には死亡していました。つまり、彼女は死から蘇ったわけです。死んでいた数分間、彼女は自分が光に包まれる体験をします。光の先にはすでに死んでいった多くの人々がいました。そこは快適で落ち着いた雰囲気でした。ところが蘇生するとそれらのイメージは急速に遠ざかり彼女は現実に戻されます。

このような体験、つまり心臓が停止した瞬間に感じる主観的体験のことを「臨死体験」といいます。死んでしまった人から、死んだ瞬間の体験を聞き取ることはできませんが、死から蘇った人からそのときの体験を聞き取ることはできます。そして不思議なことにこれらの人々の語る臨死体験は、似通っていることが知られています。

たとえば、彼らの多くは、『ヒア アフター』のジャーナリストに見られたように、「光の先にいる人物に向かって長いトンネルを抜けると天国のような場所に出る」という体験を報告します。ではなぜ、彼らはこのようなイメージを見るのでしょうか。もちろんそれは、私たちが死んでから行く場所（天国、あの世）が現世とトンネル状の構造物で連結しており、臨死体験者はそこを通過した様子を語っているのだとも考えられます。しかし、そのような超自然的な概念を使わなくても、この現象をなんとか科学的に解明できないかという考えも科学者の間にはあります。

このような説のひとつとして、有名な惑星天文学者のカール・セーガンの出生時記憶想起仮説があります。セーガンは、この「長いトンネルを通って光の中に出る」という体験は、私たちの出生のときの記憶が心の中に刻み込まれており、それが想起されているのだというのです。よく、死ぬ瞬間には、過去の記憶が走馬燈のように目の前を通り過ぎていくといいますが、まさに自分の人生が巻き戻っていき、出生の記憶に至るというイメージでしょうか。セーガンは、胎児の頭が子宮頸《けい》部から出て、両眼は閉じていたとしてもトンネルの彼方が明るくなってくるのを感じ、暗闇の中から光の中へ出てくると、そこには、後光の差した神のような人物（助産婦か医者か父親）がいるという出生体験は臨死体験そのものであるというのです。

この説は非常に魅力的な考えで、いまでも出生時記憶を信じるものは、しばしばこの説をもち出してきます。では、はたしてこの説は本当なのでしょうか。この説に（徹底的な）批判を加えている研究者のひとりとして、医療倫理学や死生学が専門の京都大学のカール・ベッカー教授がいます。彼は次のような鋭い指摘をしています。

セーガンによれば、産道は前方に光が見える長いトンネルのようであるという。これは『道』をあまりにも文字どおりに解釈した見方である。胎児の頭は子宮口にぴったりと押しつけられ、光が子宮内に入る余地はない。出産は、向こう側に光の見えるトンネルをのぞき込むというよりは暗い部屋から幕を破って明るい部屋に出ること、あるいは濁ったよどみから水面に顔を出すことに似ている。また、たとえ開口部から光が入ったとしても胎児は頭や眼を上に向けてその光を見ることは出来ない。

また、ブリストル大学のスーザン・ブラックモアは、もしトンネル体験が出生記憶の再現だとすれば、出生形態によってトンネル体験の有無が変わってくるのではないかと考えました。つまり、帝王切開で出産した人は産道を通っていないわけなので、このような体験をしないことになります。そこで、彼女は帝王切開で生まれた三六人を含む二五四人を対象として調査を行いました。その結果、自然分娩の人も帝王切開の人もトンネル体験率は三六％であり、差はありませんでした。

さらに、第3章でも述べたように、出生直後の乳児が、その体験をエピソード記憶として残しているということも到底考えられません。このようなことを考え合わせると、残念ながら、セーガンの仮説は支持できないということがわかります。

第5章

エイリアンに誘拐された記憶は本物か？

一　エイリアンに誘拐された人々

エイリアン・アブダクション現象

一九六〇年頃からアメリカでは、「宇宙人（エイリアン）に誘拐（アブダクション）され、人体実験をされた」と報告する人（アブダクティー）が徐々に現れてきました。その数は年々増加し、現在では驚くべきことに数十万人がそのような主張をしているといいます（アブダクティーの潜在人口は三七〇万人という指摘もあります）。また、なかにはエイリアンとの間にできた子どもを妊娠したといっている人もいるくらいです。興味深いことに、このような主張をしている人は、アメリカにきわめて多く、ほかの国にはあまり存在しません。もちろん日本ではエイリアンに誘拐されたといっている人は、ほとんどいないと考えられています（もしいらっしゃったら、ご一報いただければ幸いです）。

では、なぜこのようなことが生じているのでしょうか。ひとつの可能性として考えられるのは、実際にUFOが地球にやってきていて、エイリアンが人々を誘拐して人体実験をしているということです。実際、この問題に関するもっとも代表的な論客であるハーバード大学の精神科医ジョン・マックはそのように考えていました。

マックが信じているこの説を笑い話として片づけてしまうのは簡単です。「ＵＦＯなんて想像の産物だし、エイリアンが地球人を誘拐するわけはない」といえばいいのです。しかし、もしその説を否定するのであれば、いったいなぜ、何万人もの人々がエイリアンに誘拐されたなどという話をしているのかを解明する必要があります。

ヒル夫妻のＵＦＯ目撃

では、エイリアン・アブダクションとはそもそもどのような現象なのでしょうか。エイリアン・アブダクションがはじめて大きな話題となったのは、ヒル夫妻誘拐事件がきっかけとなっています（ただし、エイリアンに誘拐されたという話をしているのはヒル夫妻が最初ではありません）。そこでまず、この事件について振り返ってみることにしましょう。

バーニーと夫人のベティのヒル夫妻は、一九六一年九月一九日、休暇で訪れたカナダからニューハンプシャー州の自宅に自家用車で向かっていました。車がニューハンプシャー州に入った頃、グローブトン付近で、南西の空に何か光る物が飛んでいるのを夫妻は発見しました。はじめは流星か飛行機だと思っていましたが、その物体はヒル夫妻の車を追跡してくるようでした。そこで、バーニーは車を止めて、その物体を観察しようとすると、物体は複雑な運動をしながら車の上空で停止しました。バーニーが双眼鏡で物体を観察すると、その物体の側面には一列の窓があり、そこから青白い光が漏れていました。そしてその窓から、八～一一人の人影がバーニーをじっと見下ろしていたのです。突然、その中のひとりを除くほかのメンバーが足並みを揃えてなにかの計器板に向かっているのが見えました。ひとりはじっとバーニーを見つめています。「やつらは俺たちを捕まえようとしているんだ！」。バーニーは恐怖に駆られて、車を急発進させました。ぶんぶんという大音量と振動が続き、どうやらＵＦＯはヒル夫妻の車の真上をずっとついてくるようでした。午前五時過ぎにようやく自宅に帰り着くと、大音量と振動は消えていました。ベティはバーニーに、「これであなたも空飛ぶ円盤を信じるでしょ？」というと、バーニーは「馬鹿なことをいうな」といいました。

ヒル夫妻、アブダクションを思い出す

ヒル夫妻は自宅に帰るとなにか奇妙な感覚に襲われたといいます。家の中の様子が少し異なっていたり、ドレスの縁やジッパー、裏地などが裂けていることに気がついたのです。とくに妻のベティは、その夜から悪夢に悩まされはじめました。彼女は、何回も見るその夢を記録することにしました。その夢は、バーニーと自分がＵＦＯの中に連れ込まれて、さまざまな医学検査をされるというものでした。エイリアンは、

身長がおよそ五フィート（約一五〇センチメートル）と小柄で、体にぴったりしたユニフォームを着て、キャップをかぶっていました。髪の毛は短く、大きくふくらんだ鼻をしていました。ベティは、ＵＦＯを目撃してから自宅に帰るまでの記憶をほとんど思い出せないことなどから、この夢に見た出来事が実際に生じたものではないかと考えはじめました。ベティは、この出来事をアメリカ空軍に報告するとともに、図書館でＵＦＯについての本を何冊か借り出し、その中の一冊の著者であるドナルド・キーホーに手紙を書きました。キーホーは有名なＵＦＯ研究家で、民間のＵＦＯ研究団体ＮＩＣＡＰ（全米空中現象調査委員会）の会長でした。ＮＩＣＡＰは、何人かの専門家をヒル夫妻のもとに送って、彼らの体験を聞き取りました。

ここでひとつの興味深いことが発覚します。彼らがその日、車で移動した距離は四時間ほどあれば十分走れるのに対して、彼らが実際に家に到着したのは出発から七時間後だったのです。彼らには三時間の「失われた時間」が存在したのです。ＮＩＣＡＰの専門家は、ヒル夫妻に失われた時間の記憶を取り戻す方法のひとつとして、逆行催眠（前章までに退行催眠として扱ってきたものと同様に催眠を使って過去の記憶を思い出させる方法。退行させる時間が数時間～数カ月単位の場合、退行催眠でなく逆行催眠という言葉を使うことが多い）を提案しました。

その後、ヒル夫妻が実際に逆行催眠を受けたのは翌年一月になってからでした。担当したのは、ボストンの精神分析医ベンジャミン・サイモン博士でした。サイモン博士は、夫のバーニーと妻のベティにそれぞれ催眠をかけました。彼らは、自分たちがエイリアンに追跡され、円盤の中に連れ込まれ、そこで医学的な検査を受けたということを思い出しました。とくにバーニーは、円形の装置を自分の性器にはめられて、精液を採取されたことや肛門に器具を押し込まれたことなどを思い出したのです。

ヒル夫妻の誘拐事件が報道されて、広く知られるようになった一九七五年頃から、アメリカではエイリアン・アブダクションの報告が増加してきます。とくに一九七八年頃には、まさにアブダクションラッシュといわれるような状況になってきます。人々は、エイリアンに誘拐されたというニュースを頻繁に目にするようになりました。興味深いことに、UFOの目撃証言はこの頃から減少してきました。人々は、UFOを目撃する代わりにエイリアンに誘拐されるようになっていったのです。

バド・ホプキンスの登場——アブダクション神話の完成

エイリアン・アブダクションにおいて、重要な役割を果たす人物がいます。それは芸術家のバド・ホプキンスです。彼はアブダクションについて『失われた時間』、そして『イントルーダー』という二冊の本を書いていますが、彼の書いた本の内容はその後の、アブダクション神話の中心的なものになっていきます。

彼は、アブダクティーの証言をもとに、エイリアン・アブダクションの特徴を明らかにしていきました。まず彼は、「ミッシングタイム」、つまり失われた時間の重要性を指摘しました。ヒル夫妻もエイリアンに遭遇したとき、三時間分の記憶が失われていました。彼は、エイリアンがヒル夫妻を誘拐し、医学検査をしたあとで夫妻の記憶を消去したため、失われた時間が生じたと考えました。しかし、この記憶は完全に消去されてしまったわけではないので、夢の中にその一部のイメージが現れたりするわけです。

次に彼は、「覚えのない傷やあざ」についても注目しました。エイリアンは、医学的な検査を行うことが多いので、結果的に体に傷ができる場合があります。しかし、このときの記憶は消去されるため、アブダクティーはその傷に心当たりがありません。ふと気づくと、体に覚えのない傷や、あざがあるということになるわけです。また、単なる傷ではなく、アブダクティーは、なにかの装置を体の中に埋め込まれることがある（インプラント）と彼は述べています。いつの間にか体の中に異物が埋め込まれているのです。これは一種の通信機として働き、エイリアンがふたたびその人物に接触するときに使用します。実際、アブダクティーは、一度だけでなく生涯にわたって何度も誘拐されていると主張することが多いのです。

彼はさらに、エイリアンがアブダクションを行う動機についても考察しました。ヒル夫妻の事件など多くのアブダクションでは、エイリアンはアブダクトした人々に医学検査を行っています。とくにエイリアンが興味関心をもっているのが生殖システムです。彼らはときにアブダクトした人々から精子や卵子を抜き取ります。彼らはそれを使用して、自分たち種族との間の混血児（ハイブリッドチルドレン）をつくろうとしていることさえあるようです。では、エイリアンはなぜこのようなことをしているのでしょうか。ホプキンスは、彼らの星が何らかの理由によって滅びかけており、彼らの種族が生き残るためには地球人の生殖細胞が必要なのではないかと考えました。この仮説はその後、エイリアン・アブダクションを現実のことだと信じる人々のスタンダード（標準的な仮説）となっていきます。

ジョン・マックの登場とアブダクション現象の大衆化

一九九〇年、ハーバード大学医学部の著名な精神科医でピューリッツァー賞受賞者でもあるジョン・マックは、ホプキンスの紹介でアブダクティーに会いました。彼らの話を聞いて、マックは大変驚きました。それは、彼らの話す内容が驚くほど一致しており、一貫性があったからです。たとえば、宇宙船に行き来した手段、宇宙船そのものの内部の描写、アブダクションの最中にエイリアンにされた処置などの話が、詳細な部分に至るまでほぼ完全に一致していたのです。このような情報ははじめて聞くものでテレビや映画で見たこともない話でした。じつは、ある種の妄想性の精神疾患の患者は、妄想によってエイリアンやUFOについて語りはじめることが少なくありません。ところが彼らの話は、支離滅裂であったり、一貫性がないのがふつうです。また、このような妄想を語る人は日常生活上も疾患によってさまざまな障害が生じてしまいます。マックは精神科医だったので、このようなタイプの人のことはもちろんよく知っていました。ところがマックが面接した人は、明らかにこのような精神疾患の人々とは違ったのです。

マックはなぜ、相互に連絡のない人々がこのように一貫したアブダクションのストーリーを語るのか、理解することができませんでした。また、マックが驚愕《きょうがく》したのは、彼らがこのようなストーリーを語ることによるメリット――たとえば、マスコミで注目を浴びたり、著書が売れたりして儲かるなど――をまったく求めていないどころか、彼ら自身がこの現象に当惑し、悩んでいた点です。自分が苦しむような記憶をわざわざ彼らがねつ造している理由がまったくわかりませんでした。マックは一〇〇人以上のアブダクティーと面接し、その多くは、実際にエイリアンに誘拐されたのではないかと考えるようになりました。

彼がこの問題について記した著作『アブダクション』は、大きな評判になりました。じつは彼は、ハーバード大学の医師であるだけでなく、元々著名な作家でもあったからです。彼の著作をもとにして、アブダクション現象は多くの人の知るところとなり、さらに大衆化していきました。

二　エイリアン・アブダクション現象を解明する

さて、このような現象はいったいなぜ生じるのでしょうか。ジョン・マックやバド・ホプキンスなどを中心としたビリーバー（エイリアン・アブダクションを信じる人々）に対して、多くの科学者たちは、実際にエイリアンが人々を誘拐しているということにはもちろん懐疑的でした。しかし、ただ疑っているだけでは話になりません。そこで研究者たちは、「なぜこんなに多くの人々がエイリアンに誘拐されたなどといいはじめたのか」を解明しようと考えました。

エイリアン・アブダクションの文化影響仮説

最初に、「文化影響仮説」について説明しましょう。これは、エイリアン・アブダクションという現象が、マスコミや雑誌記事や映画などの影響によってつくり出されているという説です。

エイリアン・アブダクションは、アメリカでは非常にポピュラーですが、ヨーロッパではそれほど盛んではなく、日本やアジアの各国でもほとんど発生しません。これはエイリアンがアメリカを中心に活動していると考えれば成り立つわけですが、エイリアンにとって国境など、あまり意味がないと考えられますし、宇宙のどこかの星から地球にやってくることができるという高度なテクノロジーをもっている彼らにとっては、地球上での移動などたいした問題ではないと思われます。またもし、バド・ホプキンスのいうように医学研究のために人間のサンプルが必要であれば、むしろ、世界中のいろいろな場所でアブダクションを行ったほうが効率がよいはずです。つまり、なぜアメリカだけでこれだけアブダクションが多いのかについて、科学的な理屈による納得のいく説明ができないのです。

メディアとエイリアン・アブダクションの関連

そこで、エイリアン・アブダクションの生起には、なんらかの文化的な影響力が大きくかかわっているのではないかということが疑われるわけですが、実際よく検討してみると、アブダクション現象は、テレビや映画などのメディアにきわめて大きな影響を受けていることがわかってきます。テレビや映画、書籍などでアブダクションが話題になると（しかも、なぜかアメリカで映画が公開されたりテレビで放映されたり、書籍が出版された直後に）アブダクションが増加するのです。

ヒル夫妻もマスメディアの影響を受けていたという指摘がなされています。バーニーが逆行催眠を行った二週間前に『アウターリミッツ』というテレビシリーズで、「宇宙への架け橋（The Bellero Shield）」というエピソードが放送されていましたが、その劇中に登場するエイリアンの姿やその内容が、バーニーの証言と類似しているというのです（ただし、ヒル夫妻はこのドラマを見たことを否定しています）。

ヒル夫妻の体験はその後、『ボストン・トラベラー』誌の記事になりました。この記事は非常に大きな評判を呼び、一九六六年には作家のジョン・G・フラーが、ヒル夫妻とサイモン医師の協力を得て、この事件を『宇宙誘拐―ヒル夫妻の〝中断された旅〟』という本にまとめました。この本は、一九七五年にアメリカのNBCテレビによって、『UFOとの遭遇』というドラマとして放映されました。このドラマは大変な反響を呼び、その直後からアメリカ全土で、エイリアンに誘拐されたと主張する人々が現れてくることになります。彼らの多くは、『UFOとの遭遇』を見たあとで、自分にもヒル夫妻と同様の「失われた時間」があることを思い出し、そしてそれがエイリアンによる誘拐だということに気づいたのです。その中でももっとも有名なのは、このドラマの放送の二週間後に、伐採作業員のトラビス・ウォルトンがエイリアンに誘拐されてしばらく行方不明になったという事件でしょう。

映画『未知との遭遇』の影響力

エイリアン・アブダクションにもっとも大きな影響を与えた映画といえば、『未知との遭遇』でしょう。この映画は、リチャード・ドレイファス演じる一人の青年がエイリアンからメッセージを受け、ワイオミング州のデビルズタワーで巨大な宇宙船が地球に到着する瞬間に立ち会い、UFOに乗って宇宙に旅立っていくというものでした。この映画は大ヒットしました。そして、この映画では、いままでのいろいろな時代で行方不明になった人々が、じつはエイリアンによって誘拐されていて、その人たちが地球に帰ってくるというシーンも含まれていました。そう、これはまさに、エイリアン・アブダクションそのものです。

この映画はそれまでのアブダクションのドラマや本とは桁違いの大ヒットを記録しました。そして、その公開後から、いままでのアブダクション報告とはやはり桁違いのアブダクションラッシュがはじまりました。「エイリアンに誘拐された」と主張する人が急増したのです。その一方でこれ以後、単にUFOを目撃しただけの人は急減します。

そして、この映画で観客にもっとも大きな影響を与えたのは、エイリアンがはっきりと描かれていたところでした。このエイリアンは、いまでいう「グレイ」です（図5-1）。小柄で体毛はなく、大きなつりあがった目をしていました。『未知との遭

図5-1　「グレイ」のイメージ

遇』以前にも、地球を訪れるエイリアンは少なくありませんでしたが、彼らはみな異なったタイプのエイリアンでした。金髪の美男子やグラマーな女性、緑の皮膚をしているもの、ロボットやこびとや恐竜、は虫類人などいろいろです。ところが、この映画以降、なぜかほかのタイプのエイリアンは地球を訪れるのをやめてしまい、もっぱらグレイといわれるエイリアンが地球にくることになったのです。

その後、エイリアン・アブダクションに大きな影響を及ぼしたものとして、一九八七年に出版されたホイットリー・ストリーバーの『コミュニオン』という本があります。この本は自らがエイリアンに誘拐されたとするストリーバーの体験記となっています。彼は催眠療法によってエイリアン・アブダクションの記憶を想起し、現在でも宇宙と地球の間を何回も往復していると主張します。この本はベストセラーになりましたが、出版直後にもアブダクションラッシュが発生しました。現在、アブダクティーのほとんどすべてが、ストリーバーの本を読んだことがあるといいます。もちろん、彼らを誘拐したエイリアンは、ストリーバーの本の表紙に書かれたグレイ型のエイリアンにそっくりです。

エイリアン・アブダクション・ストーリーはありふれていた

ジョン・マックをはじめとしたビリーバーの人々が、アブダクティーたちの証言の真実性について述べるとき、地球人がエイリアンに誘拐されるといった奇想天外なストーリーには前例がなく、文化的な背景もないと主張することがあります。ところが、この点についても多くの文化史やマスコミ研究者から、批判が出ています。実際には、このようなストーリーは多くの映画やテレビドラマですでに描かれており、むしろありふれたストーリーだというのです。『宇宙からの殺人者』、『惑星アドベンチャースペースモンスター襲来』、『アウターリミッツ』の「宇宙に散った白血球（Cold Hands, Warm Heart)」エピソードなど、同様のストーリーは限りなく挙げることができます。そもそも「私たちとは異質な存在が、私たちを誘拐し、しばらくして解放する」といったレベルにまで抽象化すれば、おとぎ話などにおいてもこのパターンはよく見られ、わが国の浦島太郎なども同様な話といえます。

このようにマスメディアの影響があまりにも明らかなので、実際にエイリアンが地球にきて、地球人を誘拐していると考えるよりは、エイリアン・アブダクション・ストーリーは、マスメディアによってつくり出された何らかの大衆現象だと考えたほうがよいのではないか、というのが文化影響仮説です。

エイリアン・アブダクション現象を説明する第二の仮説として、「入眠時幻覚仮説」があります。これは一種の睡眠異常によってエイリアン・アブダクションの現象を説明しようとする説です。

エイリアン・アブダクションの入眠時幻覚仮説

みなさんは寝ている最中に金縛りにあい、そこで幽霊（たとえば、ベッドの自分の体の上に乗っていたり、自分をのぞき込んでいたりする）を見たことがないでしょうか？　その幽霊はいつ頃現れたでしょうか。おそらく、寝入りばなだったのではないでしょうか。このように寝入りばなに私たちは体が麻痺するとともに、恐ろしい幻覚を見ることがしばしば生じることは知られています。これを「入眠時幻覚(hypnopompic hallucinations)」といいます。入眠時幻覚は、ときにきわめてリアルに感じられますが、あくまで幻覚に過ぎません。このときに見る幻覚は、大きく文化の影響を受けています。私たち日本人は、幽霊といえば、髪の長い白い服を着た足のない幽霊や、最近亡くなったおばあさんなどを想像することが多く（なぜか日本の幽霊は女性が多いようです）、実際にこういうタイプの幽霊が見えやすいのですが、まったく異なった種類の化け物を見る地域もあります。体が麻痺しているのは、「睡眠麻痺（sleep paralysis）」と呼ばれる現象です。私たちは夢を見ているときに体を動かしたりするイメージを体験することがありますが、実際に体が動くわけではありません。これは、夢の動きが実際に身体的に現れないように脊椎レベルで抑制が起きているのです。

エイリアン・アブダクションの入眠時幻覚仮説とは、エイリアンに誘拐されたというエピソードは、単にこのよくある入眠時幻覚現象に過ぎないとするものです。もちろん、アメリカでも人々は、入眠時幻覚に遭遇していたのですが、昔はこれをエイリアンに結びつけることはあまりポピュラーではありませんでした。ところがエイリアン・アブダクションという現象が有名になってくると、人々は入眠時幻覚現象が発生したときに、それをエイリアンに結びつけるようになったのだというのです。確かに、「体が麻痺して動かない」とか「意識はあるのだが体がいうことをきかない」といった発言はアブダクティーからはしばしば聞かれます。

入眠時幻覚は、性的な刺激を伴うことも知られています。じつはこのような刺激が、エイリアンによる医学検査というストーリーをつくり上げているのではないかと指摘されることもあります。これは、エイリアンが関心をもつのがなぜかいつも生殖器であるということの説明になっています。エイリアンによる誘拐がポピュラーになる前は、インキュバスといわれる悪魔が女性をレイプするという入眠時幻覚がよく報告されました。これも、入眠時幻覚が性的な刺激を伴うことの結果であると考えられています。

また、エイリアン・アブダクションは、アメリカでは長距離ドライブ中に発生することが多いと指摘されています。実際、ヒル夫妻がアブダクションにあったのもドライブ中でした。じつは、広大で景色の単調なアメリカでの長距離ドライブは睡眠を誘いやすいことがわかっています。「ハイウェイ催眠現象」という言葉があるくらいです。この現象も、入眠時幻覚説を支持するものといえます。

エイリアン・アブダクションのフォールスメモリー仮説

エイリアン・アブダクションを説明する第三の仮説が、アブダクションの「フォールスメモリー仮説」です。この本でここまでに述べてきたような、フォールスメモリー現象がエイリアン・アブダクションに大きくかかわっているのではないかという説です。

エイリアンに誘拐されたといわれている人の中にはエイリアンやUFOから逃走して、警察や軍隊に駆け込んできた人はほとんどいません。じつは次のような経緯をたどることが多いのです。まず最初に、普段とはちょっと違う状況が気になります。たとえば、「目が覚めたときおかしな格好だった」、「汗びっしょりで目が覚めた」、「体に見慣れないあざがあった」、「朝起きたら、部屋の様子が昨日と違っているような気がした」などです。また、どうも自分が自分ではないような違和感や、誰かから見られているような気持ちがしたり、自分にはときどきミッシングタイムのようなものがあることに気づく、などがきっかけとなる場合もあります。このような現象に触発されて、いったい自分に何があったのだろうかと考えるようになります。彼らはこのような現象について考えているうちに、ある日突然悟りのように「エイリアンによって誘拐されたのではないか」と思いつきます。そして、エイリアン・アブダクションについてのさまざまな情報を集めて読んだりしているうちに、自分のさまざまな奇妙な体験がすべてこれらの現象に結びついていることに気づくのです。エイリアン・アブダクションの本には「暗闇が怖い」、「悪夢を見ることがある」、「得体の知れない不安感に襲われることがある」などがアブダクションの証拠として挙げられています。じつはこのような現象は誰でも体験するものなのですが、一度アブダクションだと考えてしまうと、そこに考えが至らずに、自分自身がアブダクションされたことは間違いないのではないかと考えてしまうのです。人は、このように、一度ある仮説が思い浮かんでしまうとすべてのことがそれを裏づける証拠だと考えてしまいやすくなります。これを「確証バイアス」といいます。見るもの、聞くもののすべてが、自分がアブダクションを受けた証拠のように感じられてしまうのです。

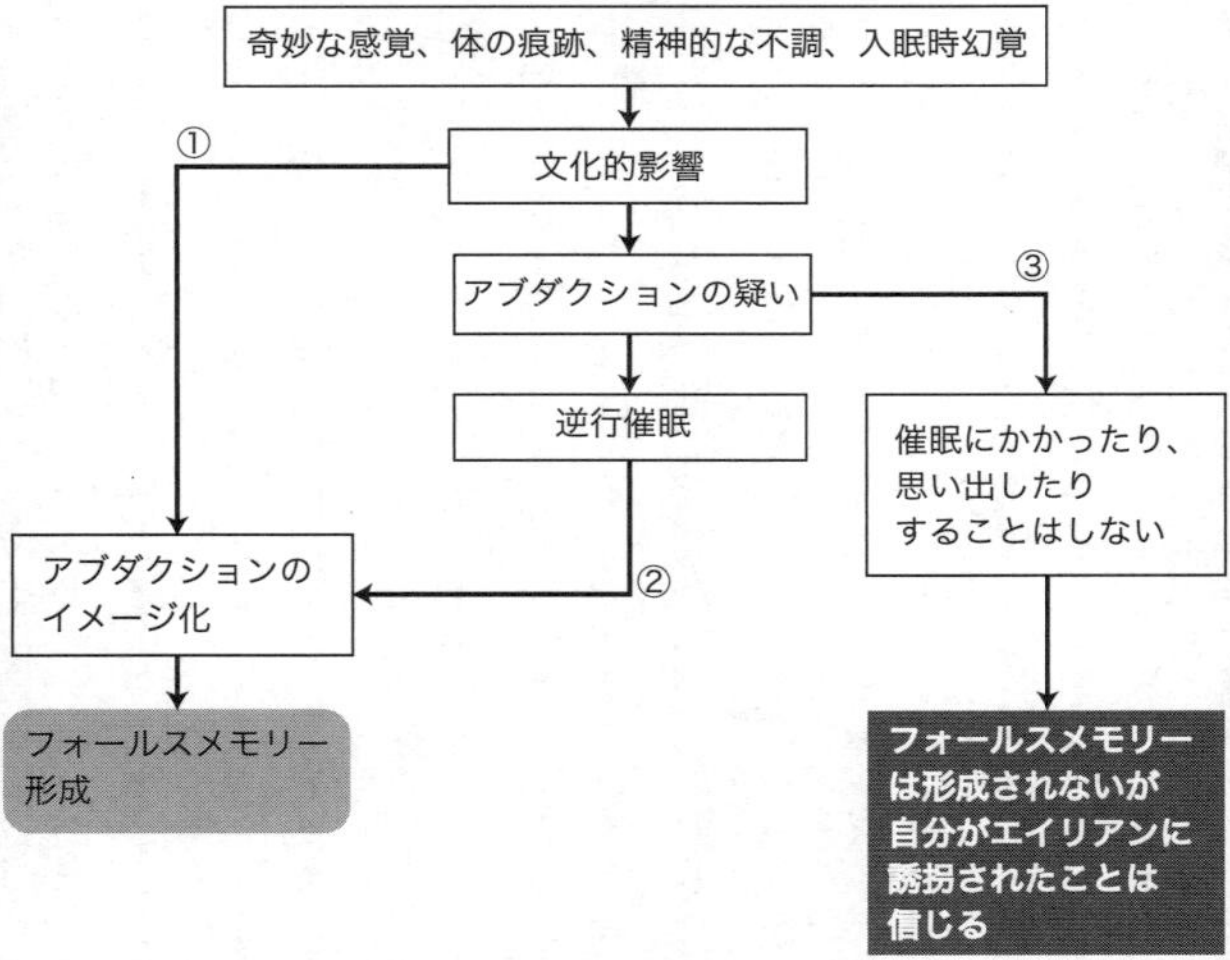

図5-2　エイリアン・アブダクション記憶が形成される3つの経路

しかも、よく考えてみると、断片的にエイリアンのイメージや宇宙船、窓から見た地球のイメージ（これはテレビや映画のイメージであることが多い）が思い浮かんできます。世間に流布するアブダクション神話によって「エイリアンは記憶を消す」と言われているので、完全な記憶を想起できず、断片的なイメージが思い浮かぶのもアブダクションの証拠のように思われます。こうして、頭の中で考えるに従って、次第にアブダクションの記憶が再構成されて、フォールスメモリーが完成してしまうのです（図5-2①の経路。このプロセスは第2章で取り上げたフォールスメモリーの形成プロセスとほとんど同じものだと思われます）。

催眠によってアブダクションの記憶を想起する人々

じつはエイリアン・アブダクションを思い出した人の中には、催眠によってそれを思い出した人も少なくありません（すべてではありません）。

ところが面白いことに、催眠療法を受けた過程でまったく予想外に、エイリアン・アブダクションの記憶が発掘されたというケースは、じつはほとんどありません。実際には、先に述べたような、きっかけとなる出来事を体験した人々が、自分の体験は、エイリアン・アブダクションではないかという「悟り」や「仮説」を立てたあとに催眠療法家のところに駆け込み、そこで、逆行催眠を受けて記憶を「思い出す」ことがほとんどなのです。彼らは催眠に先立って、「私がエイリアンに誘拐されたのは間違いない。しかしその記憶はエイリアンに消去されたので覚えていない」と考えています。そして、その記憶を想起する作業を手伝ってもらおうとして催眠療法家を訪ねるのです。わざわざ逆行催眠によって、エイリアン・アブダクションの記憶を再現させてくれるという催眠療法家を探し出すこともありますし、催眠療法家に、「エイリアンに誘拐され、消失されてしまった記憶を再現したい」とリクエストすることもあります。ですから、彼らはある意味、エイリアン・アブダクションの記憶を思い出す前、に、自分がなにを思い出すべきかを知っているのです。じつはヒル夫妻も、催眠にかかる前に、自分たちが何を思い出すのかについてすでに多くのことを推測していたであろうことは明らかです。このようなケースでは、彼らは催眠の助けを借りて、イメージを膨らませ、リアルなフォールスメモリーを形成してしまいます。もちろん自分自身は、「アブダクションについてリアルな想像を膨らませた」とは思わず、「催眠によって、失われていた記憶が回復した」と感じてしまいます（図5－2②の経路）。

ただし、多くのアブダクティーたちは、「催眠などによって、失われたエイリアン・アブダクションの記憶を想起させられるのはあまりにも恐ろしいので」、エイリアンに誘拐されたということは信じているものの、記憶を蘇らせることには消極的であるという段階にとどまっているのも事実です（図5－2③の経路）。このようにアブダクティーの中にはじつは、記憶を蘇らせていないという人が少なくありません（むしろ、こちらのほうが多いかもしれません）。

催眠とアブダクションのフォールスメモリー

ジョン・マックは、エイリアン・アブダクションの記憶想起について、非常に興味深いことをいっています。それは、催眠だけでエイリアン・アブダクションの記憶をつくり出すのは無理だろうという指摘です。

逆行催眠セッションに立ち会った同僚やそのほかの人々、セッションの記録係はわたしが患者を誘導していないと証明してくれている。実のところ、催眠状態のあるなしにかかわらず、アブダクションを誘導しようとしても、それは非常に困難である。不正確なことを言おうものなら、彼らは直ちにそれを否定し、自分の体験から得た記憶とそれと矛盾した見解をはっきりと区別することが出来るであろう。さらに彼らが提供した情報によって、しばしば驚いて目を見張るのは私のほうなのである。

（ジョン・マック『アブダクション』）

これはまず、アブダクションの記憶を、それをまったく信じていない人に植え付けるのは難しいということを示していますが、これについては本書でも出生時記憶や前世記憶のところですでにお話してきたとおりです。

また、催眠によるアブダクションの記憶は、催眠誘導によって催眠療法家が意図的につくるというよりはむしろ、アブダクティーたちが催眠にかかる前に、すでに思い出すべきアブダクションの明確なストーリーを想定していたことを示しています。ジョン・マックはアブダクティーたちがみな同じストーリーを語ることに驚愕しましたが、彼らが想起した内容は、催眠誘導のときにつくられたのでなく、催眠誘導前に、先に述べた文化的影響によってすでに形づくられていたのです。

なぜ、不快なアブダクション記憶を思い出さなければならないのか

では、なぜ彼らはこのような記憶に飛びつくのでしょうか。この問題について、示唆に富む発言があります。これは、第1章でも取り上げたエリザベス・ロフタスの発言です。彼女は、心理療法によって、親から性的虐待を受けたというフォールスメモリーを想起し、それを信じてしまう現象について積極的に発言しています（この問題については本書では触れません。カール・サバー『子どもの頃の思い出は本物か』などを参照してみてください）が、その問題についての発言のひとつです。

どうして、親が自分にそんな酷いことをしたなどという不快な記憶を信じたがる人がいるのか、と質問されることがありますが、その答えは簡単です。すべての答えが手に入るからです。あなたがやってはいけないようなことをしてしまう理由、やらなくてはならないことをしない理由、落ち込んでしまう理由など。あなたが悪いのではないし、あなたの頭がおかしいのでもない。あなたを虐待した親がすべて悪いのです。

じつはこれと同じことが、エイリアン・アブダクションにも生じている可能性があります。自分がやってはいけないようなことをしてしまう理由、やらなくてはならないことをしない理由、落ち込んでしまう理由、うつになる理由、体調が優れない理由、恋人ができない理由、セックスが嫌いな理由、勉強ができない理由、夜中に起きてしまう理由、虫が嫌いな理由、なにかしっくりこない理由、自分だけが特別だと感じる理由……これらをすべて、かつてエイリアンに誘拐されたせいだと考えることができればずいぶん楽になるのではないでしょうか。実際、あるアブダクティーはこのような発言をしているといいます。

エイリアンに誘拐されたとするとすべての説明がつくんです。なぜ自分が人に溶け込めなかったのか……など自分の人生に起きたすべてのことが。

心理的な不調や生きにくさ感などは、誰もが感じる可能性がある感情です。このような感情がいったいなぜ生じているのかを、人々は探し求めています。場合によっては宗教などがその答えを出してくれるかもしれません。あるいは、子どもの頃に両親に性的虐待を受けたことがそれになるかもしれません。エイリアンに誘拐されたというのは、それをうまく簡単に説明してくれる説の最新バージョンなのだと思われます。

三　エイリアン・アブダクションにあいやすい人の特性

アブダクティーの特性とは

ここまでに述べてきたようなルートでアブダクションの記憶が形成されるとするならば、アブダクティーの特徴も、ある程度明らかになってきます。第4章でも述べたような、以下の特性がエイリアン・アブダクションと密接に関係しているのではないかと考えられます。

1. そもそも、思い出す記憶が実際に存在する可能性を信じていなければその記憶を思い出すことはない。つまり、UFOやエイリアン・アブダクションを信じている人ほどエイリアンに誘拐されやすい。
2. 催眠にかかりやすい人ほど、エイリアンに誘拐されやすい。
3. 頭の中に鮮明なイメージを浮かべやすい人ほど、エイリアンに誘拐されやすい。
4. 生じたイメージを現実のものなのか空想のものなのか区別しにくい人ほど、エイリアンに誘拐されやすい。

アブダクティーは超常現象を信じている

いままでも述べてきたように、ある記憶がフォールスメモリーとして生じるためには、そもそものような出来事が実際に存在したとか、しうるということを信じている必要があります。このようなことを信じていなければ、自分の体に奇妙なあざがあったりしても、そもそもアブダクションについて考えたり、思い出そうと努力したり、イメージ化したりすることがないと思われるからです。

では、アブダクティーは、そもそもＵＦＯやエイリアンを信じているのでしょうか、この問題を検討するとき参考になるのが、スパノスらのグループの研究です。彼らは、ローカル新聞を使って、ＵＦＯとコンタクトした人々（目撃した、交信した、ミッシングタイムがあるなど）を募集しました、そして彼らにさまざまな心理テストを行いました。比較対象となったのはＵＦＯとコンタクトしたことのない一般の人々や学生でした。その結果、確かにＵＦＯ体験をする人々は、ＵＦＯの存在を信じていることが多いことがわかりました。また、ロンドン大学のフレンチらは、ＵＦＯ体験をする人は、ＵＦＯのみでなく、ＥＳＰ（遠隔透視）やサイコキネシス（精神力でものを動かす）、死後の生存などを信じている傾向があり、また、自分自身が予知能力などの超能力をもっていると信じていたり、超自然的な体験をしていること、「着たつもりがない服を着ていることに気づく」などの不思議な体験をしていることを明らかにしています。さらに、クランシーやマクナリーはエイリアンに誘拐された人を誘拐されていない統制群と比較した実験で、誘拐された人はさまざまな現象の原因を超自然的なものに求める魔術的な思考パターンをもっているということを示しています。

アブダクティーは催眠にかかりやすいか

では、エイリアン・アブダクションを報告する人は、催眠にかかりやすい人なのでしょうか。じつは、この問題を直接的に研究しているデータはあまり多くありません。その中で、CUFOS（アランハイネックUFO研究センター）のマーク・ロデギアが報告したデータがあります。彼は、CUFOSのエイリアン・アブダクション基準に適合した二二人のアブダクティーについてさまざまな心理検査を行いました。彼らの平均年齢は三八歳、平均的な学歴は大学教育二年以上でした。彼らの催眠感受性テストの成績は、二五・二点で、これは一般の人々の平均二〇・八を大きく上回っていました。またスパノスは、単なるUFO目撃と催眠のかかりやすさについて研究したデータを報告しています。この研究では、催眠のかかりやすさを測定するCURSSという催眠感受性についての心理テストを使って、UFO体験ありの者となしの者を比較しました。ところが、この研究では、催眠のかかりやすさはUFO体験とほとんど関係していませんでした。

これらのことから、UFOを目撃することについては、催眠感受性との関連は薄いようですが、アブダクションのされやすさについては、やはり催眠感受性と関係があるようです。

アブダクティーはイメージを浮かべやすくそれに没入しやすい

また、アブダクティーはそもそも、イメージを思い浮かべやすく、それに没入しやすいのではないかと考えられます。クランシーやマクナリーといった研究者はエイリアン・アブダクションの被害者と統制群の人々にこの個人差を測定するためのイメージ没入尺度という心理テストを行いました。その結果、確かにアブダクティーたちはこの傾向が強いということがわかりました（表5－1）。また、興味深いことにアブダクティーは解離体験尺度の得点が高いということも示されています。これは、自分自身が自分自身でなくなったような感じや、自分が現実とは切り離された状態であるように感じる傾向についての個人差を測定する尺度です。このような状態はアブダクションの際に生じる心理状態に類似しています。

アブダクティーは実験室実験でもフォールスメモリーを生じさせやすい

最後に、四つ目の特徴についてはどうでしょうか。前章では、前世記憶を思い出す

表5-1　アブダクション被害者と統制群の心理特性の違い

	アブダクション被害者	統制群
● クランシーの研究		
イメージ没入傾向（max 34）	19.3	13.9
魔術的思考傾向（max 30）	10.9	3.8
解離体験尺度（max 34）	15.5	12.4
● マクナリーの研究		
イメージ没入傾向	21.6	9.6
魔術的思考傾向	9.2	2.9
解離体験尺度	8.4	3.3

クランシーの研究は、エイリアンに誘拐されその記憶がある人のデータと、エイリアンに誘拐されたがその記憶は想起できないという人のデータの平均値。

人は実験室でのＤＲＭパラダイムの実験でもフォールスメモリーを生じさせやすいという研究を紹介しましたが、この現象はアブダクティーたちでも同様に生じるということがクランシーによって示されています。彼女らは、新聞広告を通じて、次の三つのグループの実験参加者を募集しました。第一のグループは、エイリアン誘拐有記憶群で、自分はエイリアンに誘拐されたと信じ、かつその記憶をもつ人々です。第二のグループはエイリアン誘拐無記憶群で、身体に残った傷や睡眠中の麻痺などの経験から自分はエイリアンに誘拐されたのは間違いないと思っているが、具体的な記憶をもっていない、まだ想起できていないと思っている人々です。そして第三のグループは統制群で、エイリアンによって誘拐されたなんてことはないと思っている人々です。

彼らに、ＤＲＭパラダイムの実験を行いました。実験では、「チョコレート」、「はち

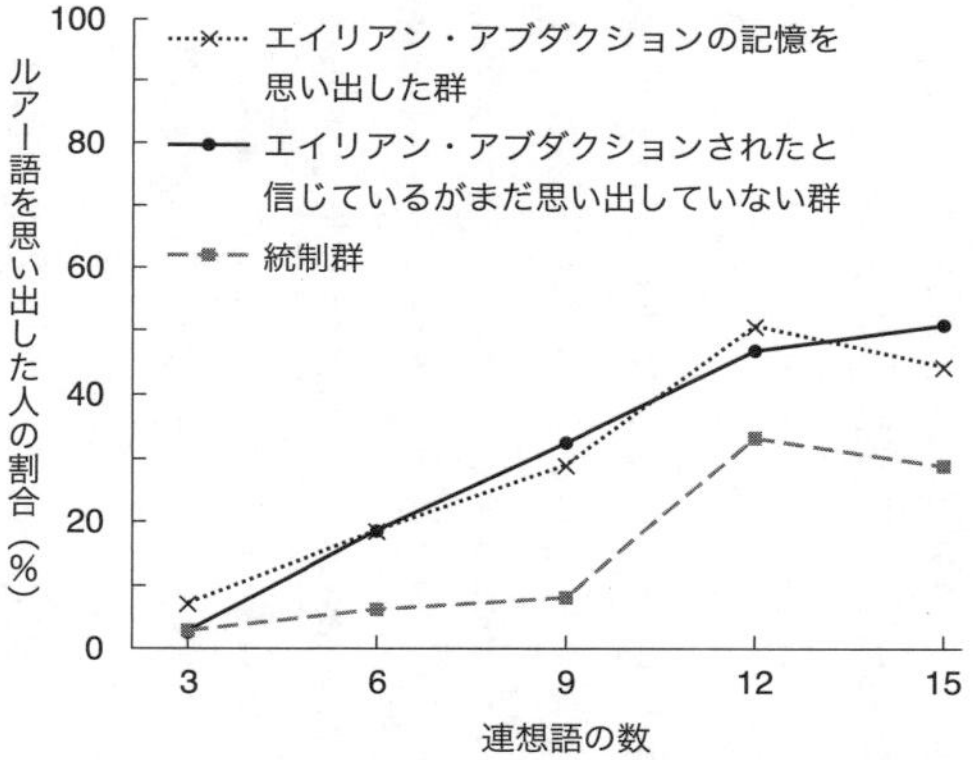

図5-3　エイリアンに誘拐されたと思っている人はDRM課題でフォールスメモリーを形成しやすい　Clancy, et al., 2002を参考に作成。

みつ」、「ケーキ」、「ハート」などを連想語として使用して、「甘い（sweet）」をルアー語とする材料などが用いられました。この実験では、連想語の数の条件が設定され、連想語が三語、六語、九語、一二語、一五語の条件がつくられました。この実験の結果を図5-3に示します。横軸は連想語の数、縦軸は、ルアー語の虚再生率と虚再認率を示します。連想語が多いほど虚再生、虚再認が多いという傾向も見られますが、重要なのは、エイリアン誘拐有記憶群と無記憶群の成績が統制群よりも高くなっていることです。

　このことから、アブダクティーも、前世記憶を想起しやすい人と同様にソースモニタリングが正確でないということが明らかになりました。

エイリアン・アブダクションの記憶想起がもたらすPTSD

深刻な心理的なストレスを体験したあとで、その出来事が私たちにさまざまな心理的な障害を引き起こすことがあります。これをPTSD（心的外傷後ストレス障害）といいます。たとえば、レイプなどの性犯罪にあった人々や大きな地震や交通事故の被害者がこのような障害になる場合があります。PTSDの主症状は、「フラッシュバック」という現象で、それは事件の記憶が脳裏に鮮明に蘇ってきてそのときの不安や恐怖が再現されることです。また、持続する不安感や焦燥感、うつや過覚醒なども生じてくることが知られています。PTSDはいわば、一種の記憶の障害であり、トラウマの記憶に苦しめられるという症状なのです。じつは、エイリアン・アブダクションの被害者の中にもこのようなPTSDに苦しめられている人は少なくありません。第2章でも述べたように、PTSDにおいてフラッシュバックされる記憶は現実の記憶であるとは限りません。イメージによって形成されたフォールスメモリーもフラッシュバックを引き起こし、それによって人々を苦しめることがあるのです。この現象は「埋め込まれた記憶によるPTSD」という現象として知られています。

また、エイリアン・アブダクションの記憶を思い出す人々は、そもそも何らかの心理的な障害に苦しんでいた可能性が高いということにも注意しなければなりません。彼らが自分の症状を説明するためにエイリアン・アブダクション仮説に飛びついた可能性もあるからです。アブダクティーを分析すると、確かに不安や焦燥感、うつや自殺未遂などの頻度が高いケースがあります。ただこれが、エイリアン・アブダクション（あるいはそのフォールスメモリー形成）の結果なのか、それとも原因なのかはわからないですが。

エイリアン・アブダクションはほんとうに起こっていないのか

ここまでで、エイリアン・アブダクションは実際には入眠時幻覚やフォールスメモリーによって形成されるという可能性について述べてきました。現在では、アメリカをはじめとして多くの研究者は、エイリアンは地球にきていないし、地球人も誘拐していないと信じています。そして、ビリーバー側の旗色が悪くなっているのも確かです。ただしこの現象が、入眠時幻覚やフォールスメモリーによって見かけ上、うまく説明できるからといって、アブダクションはほんとうに生じていないと断言することはできないのもまた事実なのです。この点は「ないことを証明することはできない」という科学的な方法論の限界といえるでしょう。科学者の中には、ビリーバーを馬鹿にするような人も少なくないのですが、方法論的に否定できないものを「そんな現象などない」と主張することもまた、科学的な態度ではないと知っておくことは必要でしょう。そのため、この現象についてもあらゆる可能性を念頭に置いて研究を続けていく必要があると思われます。

◆この章のまとめ

・アメリカにはエイリアンに誘拐されたと主張する人々が大量にいる。彼らのうちの何人かは催眠療法によってエイリアンに誘拐された体験を想起し、何人かは自発的に想起した。

・さまざまな理由から、彼らが実際にエイリアンに誘拐された可能性は少ないと考えられる。

・その理由のひとつとして、エイリアン・アブダクション現象がメディアに影響されていることが挙げられる。たとえば、『未知との遭遇』の公開直後にエイリアンに誘拐される人が急増した。

・入眠時に悪夢を見たり、体が麻痺したりする現象は入眠時幻覚として知られている。人はこの現象に遭遇すると、なぜこんなことが起きたのかを考えるが、エイリアン・アブダクションは彼らが飛びつく仮説のひとつである。

・自分がエイリアンに誘拐されたのではないかと考える人々は、イメージを膨らませたり、逆行催眠を受けたりして、エイリアン・アブダクションのフォールスメモリーを形成している可能性がある。

・人々がエイリアン・アブダクションに飛びついてしまう理由のひとつは、自分が感じているさまざまな心理的な問題をエイリアンのせいにすることができるからである。

コラム5　エイリアン・アブダクションと悪魔教団

オラントゥンデ・オスサンミ監督、ミラ・ジョヴォヴィッチ主演の映画『THE 4TH KIND フォース・カインド』は、エイリアン・アブダクションを扱った映画です。映画の初めには、キャスターのアビゲイル・タイラー博士役として主演のジョヴォヴィッチが登場し、この映画は二〇〇〇年に発生した実際の出来事のドキュメンタリーであり、映画は再現映像と実際の映像からなっているということを紹介します。この映画の舞台は、アラスカ州の外れにあるノームという町ですが、この町では信じられないほど多くの不眠症患者がいて、かつ、行方不明者も多く、FBIが二〇〇〇回以上も調査に入っています（注1）。この現象を解明するために、精神科医のタイラー博士が町で調査を始めると、多くの住民がみな似たような証言をすることに気づきます。彼らは夜中の午前三時になぜか目覚めてしまい、目の前のフクロウのようなものが自分をじっと見つめているというのです。しかし、それ以上の記憶は残っていません。そこで、この体験をより詳細に調べるために、タイラー博士は、逆行催眠を使用します。すると、住民はそのときの体験を思い出しますが、その記憶があまりにも恐ろしいのでパニックを起こし取り乱してしまいます。そして、ひとりの患者は、家族を殺して自殺、別の患者は激しいけいれんの結果、首を骨折してしまいます。タイラー博士は、これはエイリアン・アブダクションに違いないと主張するのですが、じつは奇妙な点も存在します。まず、タイラー博士の夫は、銃で自殺しているのですがタイラー博士はその事実を受け入れられておらず、夫は殺されたと言っています。タイラー博士自体の精神状態がじつはかなり問題がありそうなのです。映画には「実在」のタイラー博士のインタビュー場面もでてくるのですが、かなりやつれて不気味な表情をしています。また、タイラー博士の娘は夫の死亡後にヒステリー盲になっていますが、これはなにかトラウマになるようなものを目撃した場合に起こる症状です。そして不思議なことに、フクロウの話をするのは、みなタイラー博士の診察を受けた人、それも逆行催眠を受けた人なのです。警察が、問題はタイラー博士の側にあると考えて、監視対象とした日の夜、タイラー博士の娘は突如行方不明になってしまいます。タイラー博士は「ＵＦＯからの光線によって空中に連れ去られた」と主張します。果たして本当にこれは、エイリアン・アブダクションなのでしょうか。

アレハンドロ・アメナーバル監督、イーサン・ホークとエマ・ワトソン主演の映画『リグレッション』でも、逆行催眠の問題が扱われています。この映画では、エマ・ワトソン演じるアンジェラ・グレイが父親から性的虐待を受けたことや、祖母を含む悪魔教団の儀式に参加させられ、そこで、人間の赤ん坊が生け贄として殺されるところや、マントをかぶった人々による拷問や乱交などを目撃したことを思い出します。事件の担当になったブルース・ケナー刑事（イーサン・ホークが演じました）は町の心理学者に協力を仰ぎ、加害者や目撃者に逆行催眠を行って、事件を明らかにしようと試みます。その結果、この町には悪魔教団が存在していて、とんでもない犯罪行為を行っている。その一味には警察官もいるということを信じるようになります。厳しい調べに屈して、アンジェラの父親は虐待を自供し、祖母も自責の念に苦しめられ、自殺未遂をしてしまいます。アンジェラは、「頼れるのはあなたしかいない」と刑事にしなだれかかり、ブルースもやる気になります。しかし、この事件、やはりいろいろと奇妙な点が存在するのです。ブルースは徐々にそれに気づいてきます。「もしや、この事件はアンジェラがつくり出した架空の物語なのではないのだろうか」と。果たして、悪魔教団は本当に存在しているのでしょうか。

これらの映画は、ちょうど、二〇〇〇年代～二〇一〇年代にかけて、アメリカで大きな問題となったエイリアン・アブダクションと悪魔教団事件というフォールスメモリー関連の問題をストレートに扱ったものです。どちらもドキュメンタリー風につくられているのも、同様な事件がアメリカ全土で発生していたからです。本書の予備知識をもとに見てみるといろいろと発見があるかもしれませんので、ぜひ、ご覧になってみてください。

注1　この映画の製作会社であるユニバーサルピクチャーズはこの映画をドキュメンタリーに見せかけるために、ノームについて誤った情報を広めたとしてアラスカ記者クラブに賠償金を払っています。また、この地区に不眠症が多いのは日照時間が極度に短いこと、行方不明者が多いのは自然環境が厳しいこととアルコール中毒患者が多いためであると指摘されています。そもそも、ノームの行方不明者数はアラスカ州の平均と変わらないとも指摘されています。

第6章

本当に昔はよかったのか？

一　現在の自分が過去の自分の記憶を決める

フォールスメモリーは病理現象なのか

本書では、記憶が事後情報によって変容するケースからはじめ、実際には体験していないにもかかわらず、記憶がつくられてしまうさまざまなケースを見てきました。事件の目撃に関する記憶や、出生時の記憶、前世の記憶、エイリアンに誘拐された記憶などです。このような現象を見ていくと、フォールスメモリーは記憶の病理であるとの印象をもちます。しかし、ほんとうに、フォールスメモリーは記憶システムが「うまく働かなかったケース」であると考えてしまってよいのでしょうか。

エイリアン・アブダクションにおけるフォールスメモリー形成は、確かにかなり異常な状況でしたが、そこには自分の感じている精神的な問題の理由を探し出し、確認しようという、それ自体はまったく正常な動機づけが存在していました。出生時の記憶に関しても、それを想起させようとしている人々や想起した人々は、その想起によって、「自分の人生の大切さ」を再確認したり、家族への愛情を取り戻したり、自らのアイデンティティを再確認していることが多いようです。

出生時記憶や前世記憶、エイリアン・アブダクションは、フォールスメモリーにすぎないという話は、しばしば感情的で場合によっては暴力的な反論をされますが、このような反発の背景には、せっかく再確認したアイデンティティにけちをつけようとする科学者に対しての反発という側面もあると思われます。

じつは、最近では、フォールスメモリー形成を病理としてとらえるのでなく、自己のアイデンティティを形成するためのパーソナリティの、正常で積極的な働きであると考える研究者が多くなってきています。つまり、人は自らのアイデンティティを確認するために積極的に過去の思い出をつくり出したり、改変する生きものだというのです。これは、「記憶は私たちの人生の記録庫である」といった、私たちがふつうだと考えている説がむしろ誤りであると考えているわけで、なかなか画期的な視点といえるでしょう。本章では、このような立場に立つ研究のいくつかを紹介していきます。

自分は昔よりも成長しているはずだという信念が過去の自分をゆがませる

「現在の自分は、過去の自分よりも成長している」という信念は、私たちの現在を支えている重要なもののひとつです。過去よりも優れている自分を感じることでいっそう前向きに生きていくことができますし、自分のいままでの人生を肯定的にとらえることができます。一方、過去よりも劣っている自分は、情けなく、自分の人生をどちらかというと否定的にとらえて落ち込む原因となってしまいます。そのために私たちは常に「過去よりも優れている自分」を感じたいと思うことが予想されます。
ただし、これを直接感じるのは難しいのも事実です。そこで、過去の自分を実際よりも劣った存在として思い起こすことによって、「自分の成長」を実感するという方法がとられる可能性があります。過去を相対的に低い存在として思い出すことによって、現在の自分を相対的に高く評価するわけです。では、ほんとうにこのような記憶のバイアスは発生するのでしょうか。

過去の自分はいまの自分よりも頭が悪かったと思うバイアス

この現象を実証したものとして、ウィルソンとロスの研究があります。この研究では、学校の授業が使用されました。いま学校で一連のテーマの授業を受け終わったとしましょう。この段階で、自分が授業を受ける前よりも成長していることを実感できれば、この授業を受けたことが自分にとって有用だったと感じることができるとともに、これからもさまざまな授業を受けてみようと前向きな気持ちになるのは明らかです。

ところが、授業を受けたあとの現在の自分がどのようになっているかはわかりますが、受ける前の自分はどうだったのかは、思い出すしかありません。そこで、この時点で授業を受ける前の自分を思い出させると、人々はその時期の自分をより未熟であったと想起するバイアスがかかるのではないかと予測されます。

ウィルソンとロスは、学期のはじめ（九月）と二カ月後（一一月）に実験参加者の能力の自己評価を測定しました。実際には、彼らの自己評価は九月と一一月では変わっていませんでしたが、一一月に「九月の自己評価」を想起させた場合、予想どおり、実際に九月に行った自己評価よりも低く評定していることがわかりました。興味深いことにこの現象は友人の能力を評価させた場合には発生しませんでした。これは、ひとは自分は成長するけれども、友だちは必ずしもそうとはいえないと考えやすいことを示しています。

同様な実験は、コンウェイとロスによっても行われています。彼らは、学習スキル習得プログラムの参加者に対して、プログラムの最終日にプログラム初日と最終日の各自の学習スキルを評定させる課題を行いました。実際には学習初日と最終日では、実質的な得点の違いは見られなかったのですが、参加者が想起したプログラム初日の学習スキルは、最終日のスキルや実際の初日のスキルよりも低くなっていることがわかりました。

みなさんも、なにかにチャレンジして、昔の自分よりもずいぶん上達した自分を実感することは少なくないと思います。しかし、このとき想起している「昔の自分」は、おそらくほんとうの「昔の自分」ではなく、それよりも未熟な自分に記憶が書き換わ

表６－１　カップルの恋愛継続状況と愛情の関連。継続カップルは１年前よりもいまのほうが愛情が強くなっていると思い続けるが、別れたカップルは逆の傾向がある（４が変化なし）

	Time 1 (1988)	Time 2 (1990)	Time 3 (1991)	Time 4 (1992)	Time 5 (1993)
継続カップル	5.22	5.44	5.51	5.62	
別れたカップル	3.32 (平均値)				

Sprecher, 1999 を参考に作成。

っている可能性があるのです。

昔の愛の記憶はいまの愛の状態によって決まる

現在の自分の状態を確認するために、過去の記憶をゆがめるという現象は、能力の側面だけではなく、たとえば、恋愛の記憶についても同様に生じていることが示されています。これを実験的に研究したのは、スーザン・スプライヒャーです。彼らは、交際中の大学生カップル一〇一組を一九八八〜九二年まで毎年追跡調査し、それらの各時点における愛情の程度を「愛情・帰属意識・満足感」の次元で測定しました。そして、それと同時に以前の調査に比べて現在の愛情が増加しているか否かを評定させました。

実際には、調査期間の間、カップル間の恋愛感情の強さはほとんど変化しませんでした。つまり、交際初期も中期もお互いのことを思う気持ち自体は、あまり変わらなかったのです。ところが、現在幸せなカップルは、

「過去よりも現在のほうが愛情が増加した」と答えることが多かったのです。表6-1は、継続カップルが各測定段階でどの程度、愛が増加したかについての知覚の平均値です。評定は1（減少した）～7（増加した）までの七段階です。4ならば変化なしを示しています。継続カップルはすべての期間で前の調査よりも若干愛が深まったと考えていました。それに対して、別れたカップルは、前の期間よりも愛が少なくなったと考えていました。

これは、継続カップルは、現在の自分たちの愛を確認するために過去の自分たちの愛情をより低いものとして記憶を書き換え、逆に別れたカップルは、自分たちが別れた理由を正当化するために、過去は相手を今よりも愛していたというように記憶を書き換えている可能性を示しています。

このように、現在の自分を意識し、それを評価する場合に、私たちは過去の自分の姿を歪曲することがしばしば発生します。これを「継時的自己評価モデル（Temporal Self-Appraisal Model）」といいます。この現象はいずれも私たちの記憶が実際の過去の記憶のコピーを保持しているという形ではなく、現在の自分についての状態を反映して、歪曲されているということを意味しています。

二　人生が終わりに近づくと過去が輝いて見えはじめる

過去の自分はすばらしかったバイアス

過去の自分は現在の自分よりも劣っていたと思い、そういう自分を思い出すということは、若者にとっては確かに人生を前向きに考えさせてくれるものかもしれませんが、高齢者にとってはあまりよいことではないかもしれません。過去の自分をいまよりも悪く想起することは、今度は逆に自分の人生全体の価値を低く見積もってしまうことになるかもしれないからです。また、現実問題として、高齢者になるとさまざまな機能が衰えてきますので、過去よりも現在が優れているという記憶の書き換えはリアリティを失ってしまいます。そこで、高齢者になると、前節で述べてきたことと逆に、過去の自分をよりすばらしかったものとして記憶を書き換えるバイアスがかかってくるのではないかと予想されます。

過去の出来事をよい記憶に変える

この現象を実験的に検討したのは、ケネディらです。彼らは、セントフランシス修道院の修道女に対して調査を行いました。修道女たちは、一九八七年に健康状態や精神状態を測定する何種類かの尺度を行っていましたが、一四年後の二〇〇一年に、一四年前の自分がそれらの尺度にどのように答えたかについて、思い出させたのです。

その結果、七九歳から一〇一歳の高齢者群の実験参加者は、実際のその当時の評定値よりも、よりポジティブな結果を報告しました。つまり一四年前の実際の自分よりも幸せな過去を思い出したのです。これに対して、四七〜六五歳の中年の実験参加者は、反対によりネガティブな結果を報告しました。実際の自分よりも不幸な過去を思い出したわけです。これは、高齢者が「昔はよかった」と考えるそのものの現象です。

さらにリバインとブリュックは、一九九二年のアメリカ大統領選を使って実験を行っています。このときの選挙では、ロス・ペロー候補が立候補しましたが、選挙戦途中の七月に突然、立候補を撤回するという出来事がありました。このとき彼らは、ペローの支援者に対して調査を行い、そのときの感情について評定を行わせました。ペロー候補は、一〇月に大統領選に復帰しましたが、最終的には落選しました。リバインらは、選挙後の一一月にもう一度調査を行い、最初の調査のときに感じた感情（落ち込みや怒りなど）について想起してもらいました。その結果、平均年齢三七歳の若年群、平均年齢六〇歳の中年群、平均年齢七五歳の高齢者群の間には、最初の調査時には評定値には差がほとんどありませんでしたが、一一月に想起した結果では、年齢が高くなるに従って、最初の調査のときに評定した感情の強度をより低く、よりポジティブな方向に想起しました。この傾向は、ペロー氏を応援し続けた支援者でより明らかでした。

また、フィールドは、六〇人の実験参加者に四四年間に四回のインタビューを行いましたが、その中で自分の子ども時代について、どのくらい幸せだったかを評定させました。その結果、実験参加者の年齢が高くなるに従って、この評定値が上がることを示しました。つまり、年齢が上がるに従って、「昔の自分は幸せだった」と判断するようになったのです。

社会情緒的選択理論

これらの現象が生じる原因についてカーステンセンは、「社会情緒的選択理論（socioemotional selectivity theory）」によって説明を試みています。これは、高齢者は、日々の生活において、ポジティブな感情状態を維持するということが高い優先度の目的になっており、そのため、社会行動や認知行動が、この目標にそった形にバイアスがかかっていく、というものです。つまり、自分の感情状態を維持するために、世の中のことはできるだけポジティブに感じ、そして、過去の記憶を思い出す場合にもいいことだけを思い出したり、悪いことはよいものと変形して思い出してしまうということです。

このようなバイアスは、死を目前にしたＨＩＶ感染の若年者でも見られることから、人生の終焉に向けての準備的な活動であると考えられます。これに対して、青年期は、世の中についての正確な情報を収集することが優先度の高い目的となっているため、感情的な情報に比べて、客観的でニュートラルな情報により敏感であり、そのような情報を、記銘したり想起したりしやすいというのです。

電車の中で化粧をする最近の若者はけしからん！

お年寄りが、「最近の若い者はなっとらん！」ということはよくあります。最近の若者は、電車の中で化粧をしたり、高齢者に席を譲らなかったり、子どもや老人を虐待したり、非行に走ったり、子どもを甘やかしすぎたり、教師が生徒にわいせつ行為を働いたり、本当にとんでもないというのです。「いまに比べれば、昔は大変すばらしかった」と彼らはいいます。昔の人はみな人情に厚く、思いやりがあって、努力家で、礼儀正しかったというのです。しかし、これは本当でしょうか。

ところで、ちょっと以下の新聞記事を読んでみてください。

電車の中や汽車その他人混みの場所で、ところかまわず、コンパクトを出してはパタパタはたき、果ては衆目を浴びつつ口紅までも御念入りに塗っている人をよく見受けます。お化粧は婦人の身だしなみだから、決して怠ってはなりません。が、しかし、人前もはばからずあのようにお化粧をしているのはあまり感心しません……お化粧はそれぞれの持って生まれた個々の美しさを生かすことですから、人の見ない場所でお化粧して、そしてコテコテやっていないように見せてこそ、はじめて婦人の身だしなみとなるのではないかと思います。

みなさん、この記事は、いったいいつのものだと思いますか。じつは一九三五年六月一八日付けで東京朝日新聞に掲載された記事なのです。車内での化粧は、最近の若者の問題ではなく、ずっと昔から問題にされ続けてきたのです。この記事は大倉幸宏『「昔はよかった」と言うけれど』から引用したものですが、大倉はこの問題以外にも、高齢者に席を譲らなかったり、子どもや老人を虐待したり、非行に走ったり、子どもを甘やかしすぎたり、教師が生徒にわいせつ行為を働いたりするようなすべての行動が、ずっと昔から問題にされ続けているということを新聞記事から明らかにしています。それにもかかわらず、お年寄りはこれらを最近の若者に特有の問題として語るのです。

日本人は昔から礼儀正しく清潔な民族だったのか？

最近のインバウンド客の増加に伴って、全国の観光地では、来日外国人のマナーの悪さがしばしば指摘されます。たとえば、外国人グループが飲食したあとには大量のゴミが残されているとか、観光地で立ち小便をしていたとか、電車内で他人の迷惑を顧みずに大声で騒いでいた、割り込み、座り込み飲食などです。確かに日本人はこれらの外国人に比べて、概してマナーがよく、清潔好きに思われますし、町や駅にはゴミひとつ落ちていません。イギリスのBBCは二〇一九年に「日本に学ぶ掃除の精神」という番組を放送し、日本人のマナーがよく、清潔である理由として、小中学校と高等学校における放課後の清掃の習慣や禅の精神などが、このような素晴らしい国民性をつくり上げていると結論づけました。

しかし、このBBCの結論は残念ながら間違っています。なぜなら、学校における掃除の習慣や禅の精神は昔からずっとあるものですが、日本人のマナーがよくなり、町がきれいになったのは、じつは比較的最近のことなのです。昭和五〇年頃まで日本人のマナーは、お世辞にもインバウンド外国人に比べてよかったとはいえませんでした。大倉幸宏は、『「衣食足りて礼節を知る」は誤りか』のなかで、さまざまなメディアに取り上げられた昭和二〇年代～四〇年代の国民の行動について紹介しています。そこには、花見に行けば酒を飲んで騒いだりケンカをしまくり、桜の下のほうの枝はみな折ってしまい、町中で立ち小便をまき散らし、観光地では大量のゴミを放置して帰り、電車に割り込んだり窓から乗り込んだり車内に痰《たん》やつばを吐き散らかすという、われわれの先輩世代のかなりひどい行状が報告されています。

これらの時代を体験していたはずの世代はいまや六〇代以上のお年寄りですが、彼らはこれらの都合の悪い過去の記憶の多くを消去、改変してしまっている可能性があります。彼らが思い出す昭和三〇年代は、実際よりもずっと素晴らしいものになっているのです。そのため、自分たちのことはさておいて、平然と「来日外国人や最近の若者のマナーはなっとらん」と怒ることができるわけです。

おじいさんの記憶の中の「古きよき時代」は本物か？

また、興味深いことに、お年寄りが若い者はけしからんというのは、いまにはじまったことではないということです。じつはいまのお年寄りも若かった頃には、当時のお年寄りから同じことをいわれ、さらにそのお年寄りも若い頃には同じようなことをいわれてきたのです。もし、彼らのいっていることがほんとうだとすれば、私たちの道徳観念は年とともに失われ、社会は秩序を失い、治安は悪化しているはずですが、実際にはむしろ逆のことが起きていると思われます。

なぜこのようなことが起きているのでしょうか。じつは、お年寄りは、社会情緒的選択理論のいうとおり、過去の記憶をポジティブにバイアスをかけて想起してしまっているからだと思われます。つまり、昔の悪いことはみんななかったことにしたり、記憶をゆがめていいことにしてしまっているわけです。実際に若者が悪いわけではなく、むしろ、高齢者特有の記憶のバイアスがこういう現象を引き起こしているのです。若者はどの時代でもとんだとばっちりを受け続けているわけです。

本書全体のまとめ

私たちは、記憶は貯蔵庫のようなもので、過去のいろいろな体験が集積されているアルバムのようなものというイメージをもっていますが、じつはそのようなものではなく、もっと「やわらかい」ものだということを、本書ではさまざまなテーマによって明らかにしてきました。目撃者の証言は容易に変容してしまいましたし、実際には体験しなかった記憶も思い出させることが可能でした。ときに私たちは、実際には記憶しているはずのない出生の瞬間の記憶や前世の記憶、エイリアンに誘拐された記憶まで思い出してしまうこともわかりました。

これらの現象は病理的な現象のように思われますが、もっと広い観点から見てみると、このような記憶の改変は、じつは私たちの記憶システムがもっている正常なメカニズムのひとつではないかとも考えることができます。上記のような一見異常な記憶の想起でも、想起によって自らのアイデンティティを確認したり、自らの精神的な不調の原因を納得させようとする動機が含まれていましたし、いまの自分が昔の自分よりも優れていると思うために過去の自分の記憶を悪い方向に改変したり、また、高齢者になると自分の人生をよきものとして受け入れるために逆に過去の記憶を美化して書き換える傾向は、もっと頻繁に起こっていることがわかりました。記憶は過去の出来事をそのままの形で大切にとっておく貯蔵庫であるという考え方自体がそもそも間違っているかもしれないのです。

◆この章のまとめ

- 私たちが想起する「過去の私」についての記憶は、「いまの私」の影響を受けている。
- 私たちは、自分の成長を感じたいために過去の自分を劣ったものとして思い出したり、現在の愛を実感するために過去の愛を低く見積もって思い出したりする。
- 高齢者は自分の人生をよきものと考えるために、過去の出来事をよい出来事にゆがめて思い出す。
- 私たちの記憶は、過去の自分の貯蔵庫、アルバムというよりは、現在の自分のアイデンティティを支えたり、自分を方向づけたりするために存在しているといえるかもしれない。

・そのために、記憶を書き換えるということは、むしろ記憶の正常な機能のひとつかもしれない。

コラム6　『インセプション』と記憶の埋め込み

クリストファー・ノーラン監督、レオナルド・ディカプリオ主演の映画『インセプション』は記憶と意識の問題を正面から扱った心理学的な映画です。とはいっても難解な学術映画ではなく、エンターテインメントとしても最高に楽しめる映画となっています。

この映画の主人公のドム・コブとその仲間たちは、他人の夢の中に入り込んで、相手が心の中に秘めている情報やアイディアを盗み出すことを職業にしています。彼らはこれを「エクスセプション」と呼んでいます。さて、彼らにいまひとつの新しい仕事が舞い込みます。この仕事は、彼らがいままでやってきたことと逆のこと、つまり相手の心の中に観念を埋め込むという仕事、「インセプション」を行うというものです。

コブは、もとの相棒のイームスにインセプションの可能性について相談に行きます。もうひとりの相棒のアーサーは「インセプションは不可能だ」といっているからです。

イームスは、インセプションを「不可能ではないが難しい」といいます。彼は何回かインセプションを試みたことがありますが、そのほとんどは失敗でした。「記憶を植え付けたが定着しなかった」のです。インセプションを成功させるためのコツはふたつあります。ひとつは、記憶の深い位置に埋め込むことです。そしてもうひとつ、非常に重要なことは、「単純に自然に育つ」形で埋め込むことなのです。

記憶を埋め込みたい相手は、有力な経営者のあとを継いだ子どものロバートで、埋め込みたい観念は、父親の会社をつぶさせるというものです。イームスは、父子関係に絡めて、その観念を埋め込むようにアドバイスします。つまり、単純に「会社をつぶせ」などというメッセージを埋め込んだところで、そのメッセージはすぐに消えてしまう可能性があります。ただし、ロバートのコンプレックスである父子関係に絡めてメッセージを埋め込めば、その記憶は何回も顕在化し、リハーサルされ、育っていって、実際の行動に結びつくだろうというのです。そのためにコブたちは、父親が死に際に、ロバートに対して「おまえに失望した、それは自分の真似ばかりするからだ（だから、受け継いだ会社をいままでと同じように経営していくな）」といったという記憶を埋め込むことを計画します。このような記憶が埋め込まれれば、きっとロバートは父親の経営のやり方から大きく変えるか、会社を解体してしまうだろうというのです。

もし、インセプションが可能だとするならば、この議論は心理学的にもまったく妥当な方法です。たとえ、ある概念を脳の中に人工的に埋め込むことができたとしても、その記憶がアクセスされなければ、記憶は次第に減衰してしまって消失することは明らかだからです。しかし、それがもし、何度も反復して想起するような出来事や概念に随伴する形で埋め込まれれば、長期間保持されるだけでなく、行動にも大きく影響してくることが予想されます。

じつは、このような現象についてコブはすでに知っていました。それは自分の妻にある観念を「インセプション」した過去があったからです。ところが、この観念は、何度も何度も反芻され、育ちすぎてしまいました。その結果、その観念は強迫観念となって彼女を支配してしまったのです。そして、彼女にはとんでもないことが起きてしまいます。

記憶の埋め込みといったアイディアを描いた映画は、コラム2にも述べた『トータル・リコール』だけでなく何本かつくられていましたが、これらの映画ではいずれも単に脳内に記憶痕跡を残せばよいという描写に終始していました。『インセプション』のアイディアのすごいところは、単に記憶痕跡を埋め込むだけでなく、それを制御する過程も重要であるという記憶研究の最先端の知識も、巧みに取り入れているところなのです。

おわりに

この本は、本来、カール・サバーの『子どもの頃の思い出は本物か』の翻訳過程で構想されたものでした。サバーの本は、記憶研究についての科学ノンフィクションで、私たちが想起する子どもの頃の記憶は果たして本物なのだろうか、というところからはじまり、虐待記憶のフォールスメモリーと偽記憶症候群の話にまで至るもので、心理学を扱ったエッセイのなかでは、非常によくできた、エキサイティングな本でした。実際、発売直後には、読売新聞や朝日新聞の書評でも取り上げられました。

ただし、サバーは心理学の研究者ではなく、それゆえ、専門家の私たち翻訳陣としては「かゆいところに手が届かない」、歯がゆさを感じたのも事実でした。自分だったら、この研究を紹介したいんだよなとか、ここはこういう展開でなくこうしたいんだよなとか、翻訳しながらもさまざまなアイディアが浮かんできました。とくにエイリアン・アブダクションの問題は、もうちょっと掘り下げてほしかったし、前世の記憶や出生時記憶の問題も是非とも取り上げてもらいたいテーマでした。そのような印象を私がブログで語っているのを、化学同人の津留さんに目にとめていただいて、本書の企画が生まれた次第です。

ところが、執筆は必ずしもスムーズには行きませんでした。この時期、いろいろな著作の執筆依頼が重なったばかりでなく、事務能力がまったくないにもかかわらず、大学の役職についたりして、ほとんど執筆できない状態が続いてしまいました。その結果として、本書の完成は、当初、締め切りとして設定された日から、二年以上も過ぎてしまいました。

ですからこの本の完成については、まず、企画立案から脱稿まで、辛抱強く待っていただき、適切な助言をいただいた化学同人の津留貴彰さんに、感謝しなければならないと思っています。また、法政大学大学院博士課程の甲斐恵利奈さん、喜入暁君には、執筆に際してさまざまな助言をいただきました。彼らの力添えがなければこの本を完成させることはできなかったでしょう。

本書で扱ってきたような記憶の心理学は、心理学の中では認知心理学という分野に属しています。認知心理学は人間の記憶や言語、思考などのメカニズムを研究する分野ですが、一般の方の心理学のイメージとは少し違った分野のように思います。しかしながら、本書で取り上げたフォールスメモリーの研究などを見ていただければわかるとおり、興味深く、また、社会的な意義も大きなエキサイティングな研究分野でもあります。本書で興味をもっていただいた方は、次はさまざまな認知心理学分野の本にチャレンジしていただければ、幸いです。

越智　啓太

二〇一四年八月

文庫版あとがき

二〇一四年に、本書を出版してから約一〇年がたちました。幸いなことに多くの読者を得て、今回、文庫版を刊行していただけることになりました。読者の方はもちろん、編集担当の津留貴彰さんと化学同人のみなさまに感謝したいと思います。

この一〇年、社会はさまざまな変化を遂げましたが、本書との関係でいえば、もっとも興味深いことのひとつは、地球外生命が存在する可能性が大きくなったということでしょう。予想をはるかに上回る数の系外惑星が発見され、また、従来、太陽系のきわめて限られた範囲にしか存在し得ないと思われていた液体の水が、太陽から遠く離れた惑星の衛星に存在する可能性が示されました。液体の水は生命の存在可能性を示す重要な指標なので、これらの衛星に生命が存在している可能性があるわけです。おそらく、あと一〇年以内くらいに何らかの形の地球外生命体が存在していることが証明されるだろうという予想もあります。とすれば、地球外〈知的〉生命体も存在する可能性も十分にあるということになります。

また、アメリカ国防省は、どうやら本気でＵＦＯ研究に乗り出しました（なぜか、ＵＡＰ：Unidentified Anomalous Phenomena と呼ぶことに変えたようですが）。二〇二〇年には「本物のＵＦＯ」らしい映像を公開したりしています。もしかしたら、数年後に、本当に宇宙人が操縦する何らかの乗り物が発見されるかもしれません。

本書では、エイリアン・アブダクションや前世記憶について科学的な観点から、批判的、懐疑的に論じてきました。これは、現在の科学の基本的で標準的なスタンスと方法論であるからです。一見不思議に見える現象でも、まず、従来の科学的な知識で説明できるかチェックし、どうしても説明できない場合にのみ新しい概念を導入するという方法論です。この基準はたいへん厳格なので、現在のところ、超自然的な現象を科学者は認めていません。本書で説明してきたように、そのような概念を導入しなくても不思議な現象が十分、説明できそうだからです。

しかし、じつは個人的にはこれらの現象、それに幽霊や超能力が存在することを願っています。もし、科学的な方法論、もちろん、心理学に限らず、物理学や化学や神経科学などの知識を用いて、これらの現象を研究できるとすれば、それは、とてもわくわくすることだと思いませんか。本書ではエイリアン・アブダクションはフォールスメモリーの可能性が高いと主張してきましたが、「そうでない！　これは事実なのだ！」という確固たる証拠を研究者なり、アメリカ国防省なり、そしてみなさんが発見して、本書に反論してもらえることをじつは密かに期待しています。

二〇二四年七月

越智　啓太

sociocognitive perspective. *Journal of Personality and Social Psychology,* **61**, 308-320.

Spanos, N. P., Cross, P. A., Dickson, K. and DuBreuil, S. C. (1993). Close Encounters: An examination of UFO experiences. *Journal of Abnormal Psychology,* **102**, 624-632.

Spanos, N. P., Burgess, C. A., Burgess, M. F., Samuels, C. and Blois, W. O. (1999). Creating false memories of infancy with hypnotic and non-hypnotic procedures. *Applied Cognitive Psychology,* **13**, 201-218.

Sprecher, S. (1999). "I love you more today than yestertday": Romantic partners' perceptions of change in love and related affect over time. *Journal of Personality and Social Psychology,* **76**, 46-53.

Stadler, M. A., Roediger, H. L. and McDermott, K. B. (1999). Norms for word lists that create false memories. *Memory & Cognition,* **27**, 494-500.

Stern, W. (1904). Wirklichkeisversuche. *Beitrage zur Psychology der Aussage,* **2**, 1-31.

Stevenson, I. (2000). *Children Who Remember Previous Lives: A Question of reincarnation.* McFarland. 〔笠原敏雄 訳 (2021).『前世を記憶する子どもたち』KADOKAWA〕

Stevenson, I. and Samararatne, G. (1988). Three new cases of the reincarnation type in Sri Lanka with written records made before verification. *Journal of Nervous and Mental Disease.* **176**, 741.

Terr, L. (2008). *Too Scared to Cry: Psychic trauma in childhood.* Basic Books.

Usher, J. A. and Neisser, U. (1993). Childhood amnesia and the beginnings of memory for four early life events. *Journal of Experimental Psychology: General,* **122**, 155.

Venn, J. (1986). Hypnosis and the reincarnation hypothesis: A critical review and intensive case study. *Journal of the American Society for Psychical Research,* **80**, 409-425.

Wade, K. A., Garry, M., Read, J. D. and Lindsay, D. S. (2002). A picture is worth a thousand lies: Using false photographs to create false childhood memories. *Psychonomic Bulletin & Review,* **9**, 597-603.

Waldfogel, S. (1948). The frequency and affective character of childhood memories. *Psychological Monographs: General and Applied,* **62**, i-39.

Wilson, A. E. and Ross, M. (2001). From chump to champ: People's appraisals of their earlier and present selves. *Journal of Personality and Social Psychology,* **80**, 572-584.

Wilson, I. (1989). *The After Death Experience: The physics of the non-physical.* Morrow.

to elicit for a negative than for a neutral event. *Acta Psychologica*, **128**, 350-354.

Paddock, J. R., Terranova, S., Noel, M., Eber, H. W., Manning, C. and Loftus, E. F. (1999). Imagination inflation and the perils of guided visualization. *The Journal of Psychology*, **133**, 581-595.

Pasricha, S. (1990). *Claims of Reincarnation: an empirical study of cases in India.* Harman Publishing House.

Peebles, C. (1994). *Watch the Skies!: A chronicle of the flying saucer myth.* Smithsonian Institution Press.〔皆神龍太郎 訳 (1999).『人類はなぜUFOと遭遇するのか』ダイヤモンド社〕

Peters, M. J., Horselenberg, R., Jelicic, M. and Merckelbach, H. (2007). The false fame illusion in people with memories about a previous life. *Consciousness and Cognition*, **16**, 162-169.

Pezdek, K., Finger, K. and Hodge, D. (1997). Planting false childhood memories: The role of event plausibility. *Psychological Science*, **8**, 437-441.

Potwin, E. B. (1901). Study of early memories. *Psychological Review*, **8**, 596-601.

Pyun, Y. D. and Kim, Y. J. (2009), Experimental production of past-life memories in hyponosis. *International Journal of Clinical and Experimental Hyponosis*, **57**, 269-278.

Rodeghier, M. (1994). Psychological charateritics of abductees. In D. E. Pritchard (Chair). *Alien Discussions: proceedings of the abduction study conference.* North Cambridge Press, 296-303.

Rule, W. R. and Jarrell, G. R. (1983). Intelligence and earliest memory. *Perceptual and Motor Skills*, **56**, 795-798.

Sabbagh, K. (2009). *Remembering Our Childhood: How memory betrays us.* Oxford University Press.〔越智啓太・雨宮有理・丹藤克也 訳 (2011).『子どもの頃の思い出は本物か―記憶に裏切られるとき』化学同人〕

Sagan, C. (1980). *Broca's Brain: Reflections on the romance of science.* Random House LLC.

Saunders, L. M. and Norcross, J. C. (1988). Earliest childhood memories: Relationship to ordinal position, family functioning, and psychiatric symptomatology. *Individual Psychology: Journal of Adlerian Theory, Research & Practice*, **44**, 95-105.

Scheck, B., Neufeld, P. and Dwyer, J. (2003), *Actual Innocence: When Justice goes wrong and how to make it right.* NAL Trade.

Sheingold, K. and Tenney, Y. J. (1982). Memory for a salient childhood event. In Neisser, U. (Ed.), *Memory Observed: Rememerbing in natural contexts.* W. H. Freeman, 201-212.

Spanos, N. P., Menary, E., Gebora, N. J., Dubreuil, S. C. and Dewhirst, B. (1991). Secondary identity enactments during hyponotic past-life regression: A

Learning and Memory, 4, 19-31.

Loftus, E. F. and Ketcham, K. (1994). *The Myth of Repressed Memory: False memories and Allegations of Abuse.* St. Martin's Griffin. 〔仲真紀子 訳 (2000). 『抑圧された記憶の神話―偽りの性的虐待の記憶をめぐって』 誠信書房〕

Loftus, E. F., Coan, J. A. and Pickrell, J. E. (1996). Manufacturing false memories using bits of reality. *Implicit Memory and Metacognition,* Psychology Press, 195-220.

Loftus, E. F. and Palmer, J. C. (1974). Reconstruction of automobile destruction: An example of the interaction between language and memory. *Journal of Verbal Learning and Verbal Behavior,* 13, 585-589.

Mack, J. E. (1994). *Abduction: Human Encounters with Aliens.* Simon & Schuster. 〔南山宏 訳 (2000). 『アブダクション―宇宙に連れ去られた 13 人』 ココロ〕

Maurer, D. and Maurer, C. (1988). *The World of the Newborn.* Basic Books.

McNally, R. J., Lasko, N. B., Clancy, S. A., Macklin, M. L., Pitman, R. K. and Orr, S. P. (2004). Psychophysiological responding during script-driven imagery in people reporting abduction by space aliens. *Psychological Science,* 15, 493-497.

Merckelbach, H., Muris, P., Horselenberg, R. and Rassin, E. (1998). Traumatic intrusions as 'worse case scenario's'. *Behaviour Research and Therapy,* 36, 1075-1079.

Meyersburg, C., Bogdan, R., Gallo, D. A. and McNally, R. J. (2009). False memory propensity in people reporting recovered memories of past lives. *Journal of Abnormal Psychology,* 118, 399-404.

Morrison, C. M. and Conway, M. A. (2010). First words and first memories. *Cognition,* 116, 23-32.

仲真紀子 (2011). 『法と倫理の心理学―心理学の知識を裁判に活かす』 培風館.

Nelson, K. and Fivush, R. (2004). The emergence of autobiographical memory: a social cultural developmental theory. *Psychological Review,* 111, 486-511.

仁平義明 (2007). 「記憶植えつけ実験はゆるされるか―ジム・コウアンが巻き込まれた嵐のような出来事」『現代のエスプリ』, 481, 96-106.

越智啓太 (2003). 「催眠による目撃者の記憶の想起促進」『催眠学研究』, 47, 23-30.

越智啓太・相良陽一郎 (2002). 「Sheingold の方法を用いた初期記憶の測定」『日本教育心理学会総会発表論文集』, 44, 615.

大倉幸宏 (2013). 『「昔はよかった」と言うけれど―戦前のマナー・モラルから考える』 新評論.

大倉幸宏 (2016). 『「衣食足りて礼節を知る」は誤りか―戦後のマナー・モラルから考える』 新評論.

Orne, M. T. (1951). The mechanisms of hypnotic age regression: an experimental study. *Journal of Abnormal and Social Psychology,* 46, 213-225.

Otgaar, H., Candel, I. and Merckelbach, H. (2008). Children's false memories: Easier

Practice, **76**, 55-67.

Henri, V. and Henri, C. (1895). On our earliest recollections of childhood. *Psychological Review*, **2**, 215-216.

Hilgard, E. R. (1986). *Divided Consciousness Multiple Controls in Human Thought and Action*. Expanded Edition. Wiley.

Howe, M. L. and Courage, M. L. (1993). On resolving the enigma of infantile amnesia. *Psychological Bulletin*, **113**, 305-326.

Howes, M., Siegel, M. and Brown, F. (1993). Early childhood memories: Accuracy and affect. *Cognition*, **47**, 95-119.

Hyman, I. E., Husband, T. H. and Billings, F. J. (1995). False memories of childhood experiences. *Applied Cognitive Psychology*, **9**, 181-197.

Hyman Jr, I. E. and Pentland, J. (1996). The role of mental imagery in the creation of false childhood memories. *Journal of Memory and Language*, **35**(**2**), 101-117.

Jacoby, L. L., Kelley, C., Brown, J. and Jasechko, J. (1989). Becoming famous overnight: Limits on the ability to avoid unconscious influences of the past. *Journal of Personality and Social psychology*, **56**, 326-338.

Kampman, R. (1976). Hypnotically induced multiple personality: An experimental study. *The International Journal of Clinical and Experimental Hypnosis*, **24**, 215-227.

Kampman, R. and Hirvenoja, R. (1978). Dynamic relation of the secondary personality induced by hypnosis to the present personality. In *Hypnosis at its bicentennial*. Springer US, 183-188.

Kennedy, Q., Mather, M. and Carstensen, L. L. (2004). The role of motivation in the age-related positivity effect in autobiographical memory. *Psychological Science*, **15**, 208-214.

Kihlstrom, J. F. and Harackiewicz, J. M. (1982). The earliest recollection: A new survey. *Journal of Personality*, **50**, 134-148.

工藤恵理子 (2008).「現在の私によってつくられる過去の "私"」『心理学評論』, **51**, 82-94.

Levine, L. J. and Bluck, S. (1997). Experienced and remembered emotional intensity in older adults. *Psychology and Aging*, **12**, 514-523.

Lindsay, D. S., Hagen, L., Read, J. D., Wade, K. A. and Garry, M. (2004). True photographs and false memories. *Psychological Science*, **15**, 149-154.

Loftus, E. F. (1975). Leading questions and the eyewitness report. *Cognitive Psychology*, **7**, 560-572.

Loftus, E. F. and Zanni, G. (1975). Eyewitness testimony: The influence of the wording of a question. *Bulletin of the Psychonomic Society*, **5**, 86-88.

Loftus, E. F., Miller, D. G. and Burns, H. J. (1978). Semantic integration of verbal information into a visual memory. *Journal of Experimental Psychology: Human*

引用文献

Becker, C. B. (1982). The failure of saganomics: Why birth models cannot explain near-death phenomena. *Anabiosis: Joarnal of Near-Death Studuies,* **2**, 102-109.
カール・ベッカー (1992).『死の体験』法蔵館.

Braun, K. A., Ellis, R. and Loftus, E. F. (2002). Make my memory: How advertising can change our memories of the past. *Psychology and Marketing,* **19**, 1-23.

Bushnell, I. W. R., Sal, F. and Mulhn, J. T. (1989). Neonatal recognition of the mother's face. *British Journal of Developmental Psychology,* **7**, 3-15.

Bushnell, I. W. R. (2001). Mother's face recognition in newborn infants: Learning and memory. *Infant and Child Development,* **10**, 67-74.

Carstensen, L. L. (1993). Motivation for social contact across the life span: A theory of socioemotional selectivity. *Nebraska symposium on motivation,* **40**, 209-253.

Carstensen, L. L. and Fredrickson, B. L. (1998). Influence of HIV status and age on cognitive representations of others. *Health Psychology,* **17**, 494-503.

Caruso, J. C. and Spirrison, C. L. (1994). Early memories, normal personality variation, and coping. *Journal of Personality Assessment,* **63**, 517-533.

Chamberlain, D. B. (1988). *Babies Remember Birth: and other extraordinary scientific discoveries about the mind and personality of your newborn.* JP Tarcher. 〔片山陽子 訳 (1991).『誕生を記憶する子どもたち』春秋社〕

Clancy, S. A. (2006). *Abducted: How people come to believe they were kidnapped by aliens.* Harvard University Press. 〔林雅代 訳 (2006).『なぜ人はエイリアンに誘拐されたと思うのか』早川書房〕

Clancy, S. A., McNally, R. J., Schacter, D. L., Lenzenweger, M. F. and Pitman, R. K. (2002). Memory distortion in people reporting abduction by aliens. *Journal of Abnormal Psychology,* **111**, 455-461.

Conway, M. and Ross, M. (1984). Getting what you want by revising what you had. *Journal of Personality and Social Psychology,* **47**, 738-748.

Dickinson, G. L. (1911). A case of emergence of a latent memory under hypnosis. In *Proceedings of the Society for Psychical Research,* **25**, 455-467.

Dobson, M. and Markham, R. (1993). Imagery ability and source monitoring: implications for eyewitness memory. *British Journal of Psychology,* **32**, 111-118.

French, C. C., Santomauro, J., Hamilton, V., Fox, R. and Thalbourne, M. A. (2008). Psychological aspects of the alien contact experience. *Cortex,* **44**, 1387-1395.

Field, D. (1997). Looking back, what period of your life brought you the most satisfaction. *The International Journal of Aging and Human Development,* **45**, 169-194.

Haraldsson, E. (2003). Children who speak of past-life experiences: Is there a psychological explanation? *Psychology and Psychotherapy: Theory, Research and*

本書は、二〇一四年一一月に刊行された『つくられる偽りの記憶——あなたの思い出は本物か』（ＤＯＪＩＮ選書）を加筆・修正し文庫化したものです。

越智啓太　おち・けいた
1965 年、横浜市生まれ。92 年、学習院大学大学院人文科学研究科心理学専攻博士前期課程修了。警視庁科学捜査研究所、東京家政大学文学部を経て、現在、法政大学文学部心理学科教授。臨床心理士。専門は犯罪捜査への心理学の応用。
著書に、『犯罪捜査の心理学』、『美人の正体』、『自伝的記憶の心理学』（編著）、『記憶の生涯発達心理学』（分担執筆）などがある。

DOJIN BUNKO

つくられる偽《いつわ》りの記憶《きおく》
あなたの思《おも》い出《で》は本物《ほんもの》か？

2024 年 9 月 30 日第 1 刷発行

著者　越智啓太
発行者　曽根良介
編集担当　津留貴彰
発行所　株式会社化学同人
600-8074　京都市下京区仏光寺通柳馬場西入ル
電話　075-352-3373（企画販売部）／075-352-3711（編集部）
振替　01010-7-5702
https://www.kagakudojin.co.jp　webmaster@kagakudojin.co.jp
装幀　BAUMDORF・木村由久
印刷・製本　創栄図書印刷株式会社

本書のご感想をお寄せください

Printed in Japan　Keita Ochi © 2024
ISBN978-4-7598-2519-0